JN022279

アニエス・ポワリエ
木下哲夫 訳

ノートルダム
フランスの魂

白水社

BRIDGEMAN IMAGES

《忠実な信者を悪魔から守る神の右手》（1452–60年頃）ジャン・フーケ作（羊皮紙にテンペラ、金箔）。背景にノートルダムが見える。

LEONARD DE SELVA / BRIDGEMAN IMAGES

《サン・バルテルミの虐殺》（1572–84年頃）フランソワ・デュボワ作（パネルに油彩）。1572年8月のカトリック教徒による新教徒虐殺事件は、のちのアンリ4世（プロテスタント）とマルグリット・ド・ヴァロア（カトリック）の結婚からわずか数日後に起きた。

G. AGLI ORTI / DE AGOSTINI PICTURE LIBRARY / BRIDGEMAN IMAGES

22年後の1594年3月22日、アンリ4世はフランス国王としてパリ入城を果たす。上の絵柄はミサの行なわれるノートルダム大聖堂に向かうアンリ4世の姿を描く（ボルリーの原画に基づくジャン・ルクレール作の銅版画）。

BRIDGEMAN IMAGES

ノートルダム大聖堂の内陣と《ピエタ》像（1723 年）彫刻家ニコラ・クストゥー作

BRIDGEMAN IMAGES

《「理性の祭典」1793年11月10日、於ノートルダム大聖堂》オーギュスト・クリスチャン・フライシュマン作

BRIDGEMAN IMAGES

《ナポレオン1世の戴冠式と皇妃ジョゼフィーヌの戴冠　1804年12月2日》(1806–07年)
ジャック＝ルイ・ダヴィッド作（カンヴァスに油彩、中央パネルの一部）

BIBLIOTHÈQUE NATIONALE DE FRANCE

ヴィクトル・ユゴーの蔵書票。エルンスト・アグラウス・ブーヴェンヌによるエングレーヴィング

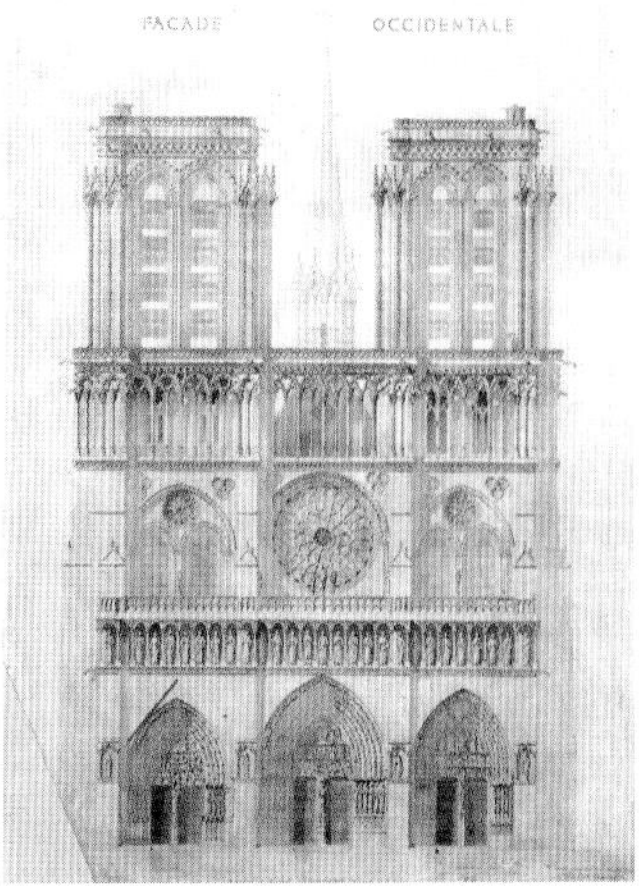

VDE / BRIDGEMAN IMAGES

ウジェーヌ・エマニュエル・ヴィオレ=ル=デュクによるノートルダム大聖堂西側ファサードの修復計画（1843年、紙に鉛筆と水彩）

ヴィオレ=ル=デュクによるノートルダム大聖堂のガーゴイルの修復のためのスケッチ（1855年、紙にペンとインク）

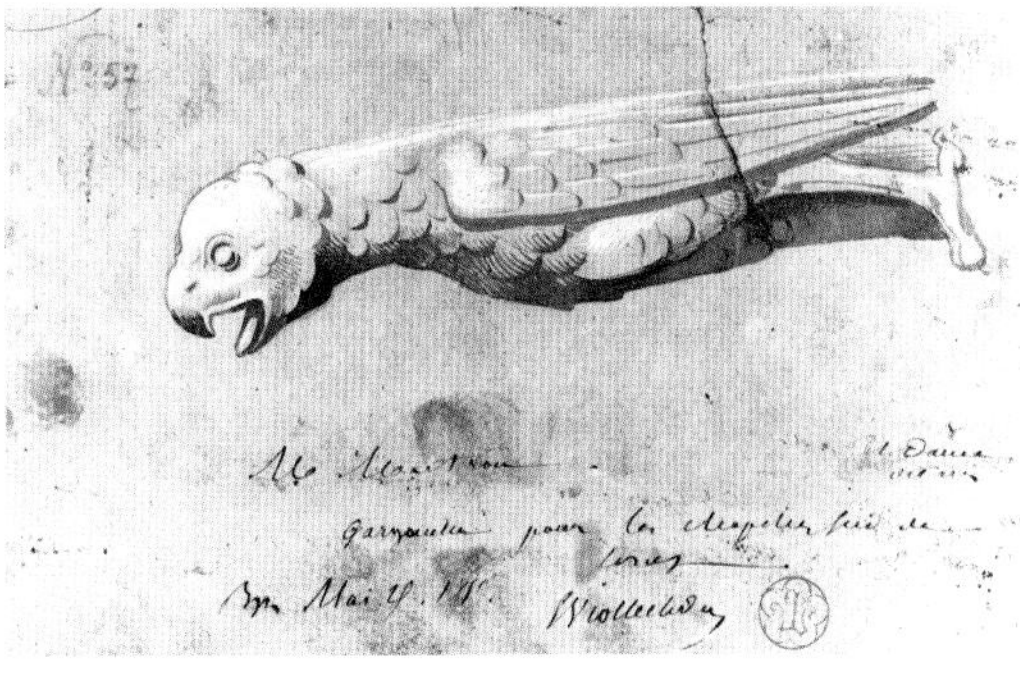

ARCHIVES CHARMET / BRIDGEMAN IMAGES

ALINARI / BRIDGEMAN IMAGES

ノートルダム大聖堂西側ファサードの大回廊の手すりに載る、修復されたガーゴイル

1739年刊「テュルゴーのパリ地図」に描かれたノートルダム。大聖堂前の隘路が見える。

AKG IMAGES

VILLE DE PARIS / BVHP

オースマン男爵とその後継者によって取り壊される以前のオテル=デュー病院（シャルル・マルヴィル撮影、1874年）

取り壊し後に新設された大聖堂前庭の写真（1894年）

ALAMY

ADOC-PHOTOS / CORBIS VIA GETTY EDITORIAL

「パリ解放」——1944年8月26日、ノートルダムに到着したシャルル・ド・ゴール。この直後に狙撃された。

AKG IMAGES

映画「ノートルダムのせむし男」（1956年）の一場面、ジーナ・ロロブリジーダとアンソニー・クイン。

© THOMAS GOISQUE

火災後のノートルダム大聖堂の身廊（2019 年）

ノートルダム　フランスの魂

NOTRE-DAME: The Soul of France by Agnès Poirier
© Agnès Poirier, 2020

This translation of *NOTRE-DAME: The Soul of France* is published
by Hakusui-sha Co., Ltd by arrangement with Oneworld Publications
through Tuttle-Mori Agency, Inc., Tokyo

装丁　細野綾子

こんな気持ちになったことはこれまで一度もない［…］
これほど心を揺さぶられ、深刻で気の滅入るものは一度も見たことがない。

ジークムント・フロイト、許嫁のマルタに宛てた手紙
一八八五年十一月十九日

ノートルダムを見るだけでは充分でない。ひとはノートルダムを生きなければならない。長い時間。毎日。わたしたちの役にも立つのでなければ、ノートルダムはわたしたちにとって、神の僕《しもべ》ではありえないだろう。

ポール・クローデル、一九五一年

わたしの貴婦人《マ・ダム》、
ガランスに

目次

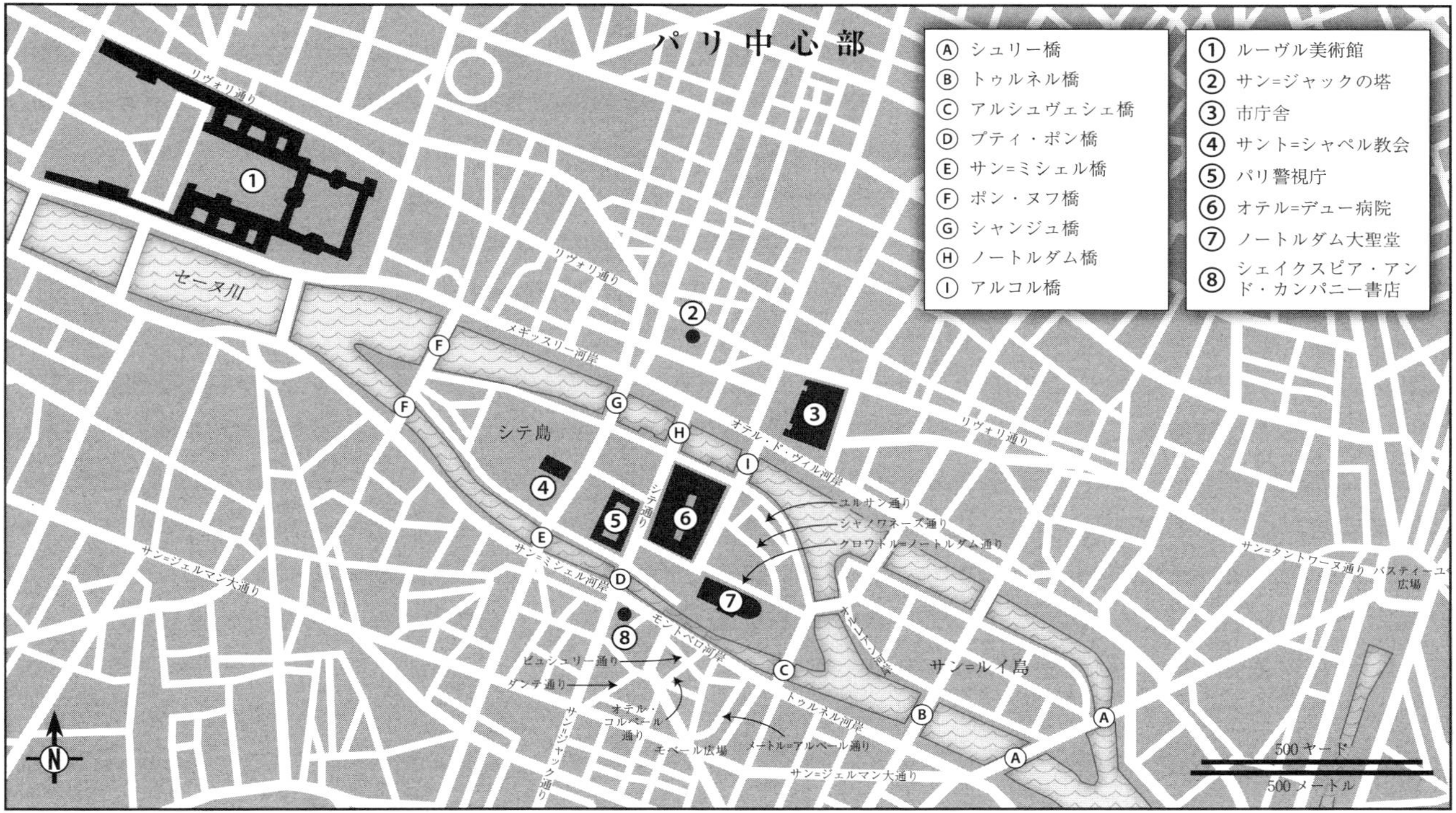
パリ中心部
Ⓐ シュリー橋
Ⓑ トゥルネル橋
Ⓒ アルシュヴェシェ橋
Ⓓ プティ・ポン橋
Ⓔ サン=ミシェル橋
Ⓕ ポン・ヌフ橋
Ⓖ シャンジュ橋
Ⓗ ノートルダム橋
Ⓘ アルコル橋
① ルーヴル美術館
② サン=ジャックの塔
③ 市庁舎
④ サント=シャペル教会
⑤ パリ警視庁
⑥ オテル=デュー病院
⑦ ノートルダム大聖堂
⑧ シェイクスピア・アンド・カンパニー書店
リヴォリ通り
セーヌ川
メギッスリー河岸
シテ島
シテ通り
オテル・ド・ヴィル河岸
ユルサン通り
シャノワネーズ通り
クロワトル=ノートルダム通り
サン=ジェルマン大通り
サン=ミシェル河岸
モントベロ河岸
ビュシュリー通り
ダンテ通り
オテル・コルベール通り
モベール広場
メートル=アルベール通り
サン=ジャック通り
トゥルネル河岸
オルレアン河岸
サン=ルイ島
サン=タントワーヌ通り
バスティーユ広場
500 ヤード
500 メートル

M・バルデュの銅版画に基づく側面から見たノートルダムの姿

まえがき

火災の夜を思い起こすと、万華鏡のような映像と千々に乱れる感情が次々に心に浮かぶ。鮮黄色の煙が渦を巻き空に舞うのが台所の窓越しに目に入り、階段を駆け下りトゥルネル河岸に跳び出し、ノートルダムの南の薔薇窓の真向かいに立つと、赤と橙の焰が屋根から吹き上げ、群衆の沈黙がとどき、人々の虚ろな目、刹那の凄惨な美、頰をつたう真珠の涙、無言の祈りをつぶやく唇、にわかに野戦外科医に変身したかのような消防士たちの機敏な動作、あちこちから巨大な蛇のように延びる消火ホース、松明のように燃え盛る崩落寸前の尖塔、瑠璃色の空を背に映える薄紅がかった石造りの中世建築が目に入り、北塔から黒煙が立ち昇れば耐えがたい想念と酷い予感に胸を衝かれる――ノートルダムは逝ってしまうのではないか。

わたしたちには確かな拠り所が欠かせない。それがわたしたちの存在を支える骨組みであり、この道しるべ抜きに人生を歩むことはままならず、まして数多の試練や苦難を耐え忍ぶことなどできはしない。過去八百五十年間、ノートルダムはそうした拠り所だった。そのことをうっかり忘れていた人々は二〇一九年四月十五日の宵、不意をつかれ、激しく動揺した。ノートルダムがもしわたしたちの目の前でもろくも崩れ、消えてなくなるようなことがあるのなら、同じく確かなものと思われてきたもの——民主主義や平和、博愛精神にも同じことが起こりうるのではないか。翌朝心理カウンセラーを招き支援を求めたパリの小学校の校長たちには、そのことがよくわかっていた。多くの子供がバルコニーや舗道で拾った黒焦げの木片を小さなビニール袋にたくさん詰めて登校した。親は我が子にその小さな炭のかけらは十字軍の時代に遡ると教え、取り返しのつかないことは何ひとつ起きていないと言い聞かせる必要があった。ところが子供は安心させられても、自分自身となるとそうはいかない。

その晩、悲劇を初めて伝える映像がソーシャル・ネットワークとテレビの画面に洪水のように溢れ出すと、パリ発祥の地、フランスの揺籃の地である小さな島シテ島に世界のありとあらゆる地域からすぐさま波立つ感情がうねりとなって押し寄せた。わたしたちパリ市民は、歴史上たびたびあったように、悲嘆に暮れる心で結ばれ、世界とひとつになった。

なぜわたしたちは皆それほど心に深い傷を負ったと感じたのだろうか。

ノートルダムは遠い昔からたんなる大聖堂、カトリック教徒にとっての祈りの場、十三世紀に遡る美しいステンドグラスのある歴史的建造物を遥かに超える存在だった。ノートルダムは人類が建築の分野で成し遂げた最も偉大な成果のひとつであり、文明の顔、国家の魂である。神聖なのに世俗的、ゴシック様式なのに革新的、中世のものなのにロマンティックなノートルダムは、神を信じる者にも信じない者にも、キリスト教の信者にもそうでない者にも神と出会い、難を避ける場をつねに提供してきた。

ヴィクトル・ユゴーとかれのせむし男は二百年前に陥った悲惨な放置と荒廃からノートルダムを救い出し、世界のヒロインに変身させた。中世美術を研究し、元々あったはずの尖塔を添えて面目を一新させた建築家ウジェーヌ・ヴィオレ＝ル＝デュクのおかげで、ノートルダムは一八六〇年代に中世の面影を残しつつ壮麗な姿を取り戻す。写真と映画という新たな芸術形式を通じて、ノートルダムは世界中にその姿が広く知られるようになり、カジモド、エスメラルダ、そしてファサードを飾る奇怪ながら憎めないガーゴイル（樋嘴）等とともに、生き生きとした存在感を具えて世界中の人々の想像力のなかに登場を果たす。ゴシック様式の大聖堂として生き返ったノートルダムに寄せる愛は、このようにして世代を越えて受け継がれてゆく。

ノートルダムはうっとり見とれるほど美しいために、誰も消滅しうるとは夢にも思わなかったともいえる。十世紀以上にわたり建てては建て直され、完璧を目指して果てしない工事の続くノートルダムの愛らしさは唯一無二であると同時に多面的でもあった。人それぞれにノートルダムの好みの景観がある。左岸から飛梁の翳に佇む庭園に向かいアルシュヴェシェ橋を渡りながら望む姿を好むひとがあれば、さらにそのやや東のトゥルネル橋の中ほどからの眺めをよしとするひともある。ここから見る大聖堂は、フランス号の名を帯びる船の厳かな舳先のようにそびえ立つ。はたまたシテ島の双子にあたるサン＝ルイ島のオルレアン河岸から見た姿、緑陰濃い築堤の湾曲に沿って進むうちにわかに現われる姿を愛でても、あるいはたんに大聖堂正門前の広場[1]中央から、西の薔薇窓と双塔の壮麗さを満喫するのもよい。このほかモントベロ河岸、シェイクスピア＆カンパニー書店のテラスからの眺望を好む向きもある。

パブロ・ピカソは裏手の庭からの眺めを好んだ。一九四五年五月十五日、闘牛狂の画家は写真家のブラッサイにこう訊ねた。「ノートルダムを後ろ側から撮ったことはあるかい。ヴィオレ＝ル＝デュクの尖塔がとてもいい。聖堂の背中に飾り付きの銛を突き立てたように見える[2]」

わたしのお気に入りはモントベロ河岸の下、ビュシュリー通りとオテル・コルベール通りの角からの眺め。一九四八年十月にシモーヌ・ド・ボーヴォワールが尖塔の見える小さな屋根裏部屋を借りた建物の右隣、中世から残る三段の階段を降りたところ。路面の高さにかろうじてノートルダムを一瞥すれば、つい隠れた姿を推し量り、もっと見たいとの思いに駆られ、否応なく惹きつけられる。

ノートルダムの美しさは、こんなものと高を括れる類では決してない。それは日々新たな奇跡であり、視線を合わせるたびに呆然とするばかり。ノートルダムの愛らしさの秘密は親しみやすさと気高さが力強く結びつき、暖かく厳かなところにある。記念碑的な建物がどうしてこれほど親密でありながら立派でもありうるのだろう。

ノートルダムの過去を掘り下げるのは、フランスの魂に、栄光と苦悩、矛盾に満ちた歴史に身を浸すことにほかならない。過去八百五十年間、ノートルダムはフランスの最良の時と最悪の時を目撃した。二〇一九年四月十五日、ノートルダムはひとの不注意により死に瀕したが、生命を賭す覚悟を固めた人々の勇気により、いまわの際で救われた。

＊

『ノートルダム　フランスの魂』はモーリス・ド・シュリー、農家の息子に生まれ、十二世紀後半にノートルダムの当初の建設を取りしきったパリ司教に敬意を表す。そして、パリに逆らって統治は叶わないと悟り、カトリックに改宗してノートルダムに参拝し、新旧教徒争う三十年にわたる戦争により酷くも分断された国家の宥和を成し遂げたアンリ四世に焦点を当てる。アンリの息子、ルイ十三世は王冠とフランスの命運をノートルダムの聖母マリアに奉献し、そのまた息子ルイ十四世、「太陽王」は父親の誓願を実現する。

一七八九年、そしてロベスピエールの恐怖政治の続く間、ノートルダムの抜け目のないオルガニストは聖歌に替えて革命歌と「ラ・マルセイエーズ」を奏し、同じく目端の利く参事会員は守るべき太陽王とその父親の彫像と定め、聖母マリアには容赦ない無神論者と筋金入りの共和派を前にして、人手に頼らず我が身を守っていただくことにした。参事会員の判断は図に当たる。畏れ知らずの革命派にできたのは、聖母の黄金の王冠を取り去るところまで。ファサードの上部柱廊に並ぶ二十八名の王たちはさほどの幸運には恵まれず、各々首を失う。革命のさなか献堂先を理性に更めたノートルダムを、ナポレオンが当初の信仰へ復帰させる。一八〇四年にそこで皇帝の戴冠式を執り行なうことにより、ナポレオンはまたノートルダムをフランスの公的、政治的な営みの中心に据え、ヴィクトル・ユゴーとかれのせむし男の活躍に道を拓いた。

ユゴーの小説は一八三〇年七月革命の波瀾の日々に執筆され、革命の熱に駆られるパリ市民、ノートルダムのせむしの鐘撞きカジモド、美しいジプシー女エスメラルダが司教補佐フロロの油断のない眼差しの下で交錯する様子を完璧に捉えた。豊かな想像を呼び起こす挿絵を添えて出版された小説は破格の成功を収め、ついには国中がにわかに中世から受け継いだ遺産の価値を見直し、崩れかかった記念建造物を修復する必要を感じるまでになる。刊行後まもなく、フランスの歴史的建造物の保存を目的とする国家機関が設けられ、ほどなく新種の建築家、芸術家ならびに学者が国に招集され、由緒ある石材の過去の威光を蘇らせる事業に従事することとなった。

ヴィオレ＝ル＝デュクは苦心しながら二十二年をかけ、ノートルダムに中世の壮麗さを取り戻す。尖塔が完成してから数年後、オースマン男爵がパリとシテ島を大幅に改造した。中世の住居と隣接する狭い路地を一掃して、オースマンはノートルダムに威風を添える。いまや島の尖端に独り建ち、ノートルダムは何キロもの遠方からもその姿を望めるようになった。

火災の夜、多くのパリ市民が一九四四年八月二十六日を思い起こした。この日、二百万の同胞の喝采を浴びながらシャンゼリゼ通りを歩き終えたド・ゴール将軍がノートルダムに立ち寄り、危難の時代を終え、テ・デウムを奏で神に感謝を捧げるミサに参列した。正面門扉から満員の堂内に歩み入ると、二階から数発の銃声が響いた。狙撃手がフランスの指導者めがけて銃弾を浴びせたが、ド・ゴールは胸を張って歩きつづけ、身廊を抜け内陣へ向かう。参列者の多くは大理石の床に平伏したものの、ド・ゴールが至極冷静で、動ずるふうもないのを見て、徐々に信徒席に戻った。マニフィカト（聖母マリアの賛歌）は端折られ、将軍は入場したときと同じように胸を張ってノートルダムを後にした。

ド・ゴールなら今回のノートルダム再建をめぐる争いをどう考えるだろうか。燃えさしのまだ生暖かいうちに、フランスの世論は二分されたように思われた。一方が以前と同じ姿をふたたび見たいと願えば、他方は二十一世紀の天才の手を幾ばくかでも添えたいと考える。これは臆病者と果敢な者、あるいは賢者と愚者の間の争いなのだろうか。フランスの首相エドゥアール・フィリップまで、火災のわずか二日後に尖塔の再建をめぐる国際的なデザイン・コンペを発表せずにはいられなくなった。マクロン大統領自身も、「以前にもまして美しい」ノートルダムの再建を五年以内に行なうと言い出した。ふたりの言葉をきっかけに、ＳＮＳ上にはおよそ途方もないアイデアがどっと押し寄せる。クリスタル製の尖塔、屋上庭園、巨大な黄金の松明、屋上プール、ガラスのドーム等々。建築家たちは宣伝のチャンス到来と血眼になり、国際コンペに大喜びで応じ、奇天烈な設計案を打ち出した。パンドラの匣が開いた。

過激でありたい、デザインし直し、作り替え、世界を眩惑したいというフランスのこのやむにやまれぬ衝動はいったい何なのだろう。二十一世紀の天才がノートルダムを建てた中世の工人に対抗できると本気で思うのだろうか。少なくとも今回に限っては、ヴィオレ＝ル＝デュクが一八六五年に残した姿にノートルダムを復元し、維持すればよいのではないか。毎年一千四百万を数える訪問者のために、どう見ても乱雑な周囲の街区や入路を手直しする機会ともなるだろう。長く待望され、大いに必要とされる博物館を前庭の向こう、中世に建てられ、今では半ば空き家のオテル＝デュー（「神の館」の意）、パリ市立病院に設けることさえ夢ではない。

ノートルダム再建をめぐる争いは始まったばかり、この先激しさを増すのはまちがいない。フランスで最も富裕な三家、ピノー、アルノー、ベタンクール家は、焔が屋根を蹂躙する間にもノートルダム再建に五億ユーロを寄付すると約したが、その行為を正当化する必要に迫られた。ノートルダムの運命よりも、寄付に通常ともなう免税措置に関心があったのではないかと「黄色いベスト運動」は問う。それだけの金があるのなら、古びた石より苦しむ人間に使ったほうがよいのではないか。黒焦げの残骸の巨大な山に優る大義は他にないのか。

本書の執筆は、絶望から穏やかな楽観に至る風変わりな旅路に譬えられる。日の出がセーヌの川面を薄紅色に染め、二〇一九年四月十六日の明け方、ノートルダムが傷つきながら今も堂々とそこに建つのを目にして以来、わたしはためらいながらも、望みをつないできた。その数時間前には双眼鏡を手に、ステンドグラスの窓が持ちこたえたのを確かめて、拳を宙に突き上げたのだった。

ノートルダムを救った人々と会い、火災後の数週間、数か月、週七日、一日二十四時間、痒いところに手の届く看護婦のようにノートルダムの世話に当たり、軀体を強化し、焦げつき壊れても再利用できる残骸をひとつひとつ丹念に拾い集め、保存する作業にあたった人々の話を聞き、再建についての助言する人々、再建の資金を提供する人々にインタヴューし、工事現場を訪れ、妙に聞こえるかもしれないけれど、石に手を触れ、鉛中毒の有無を確かめる血液検査まで受けてみて、わたしはこうしたすべてを通じて、先々に待ち受ける難題と、ノートルダムがふたたび立ち上がるのを見届けようとする人々の底無しの、根っからの善意とやる気を痛切に感じたのだった。

1

二〇一九年四月十五日——火災の夜

「あの夜、わたしは死んだ」

フィリップ・ヴィルヌーヴ

四月のパリ。

この数日は至福の時だった。真っ青に晴れ渡った空、胡桃と桜は満開の花盛り、色とりどりにはじけ散り、輝かしい黄色とピンクのさざ波がモンマルトルの丘の頂きから街路樹の繁るモンパルナスの大通りへ、シャンゼリゼ通りの終着点テュイルリー公園からノートルダム大聖堂の小公園へ押し寄せる。近所の子供たちは放課後にこの公園で遊ぶのが大好きだ。今日は二〇一九年四月十五日の月曜日、復活祭週間の初日、小さなパリっ子は金曜から始まる二週間の春休みが待ち遠しく、もちろん卵探しにも心をときめかす。

その日の朝、カンヌ映画祭は一か月後に迫った七十二回目の催しのポスターをお披露目した。毎年このイベントは話題を呼ぶ。今年の主役はつい先頃九十歳で他界したフランスの映画監督アニエス・ヴァルダの若々しい姿。男性技師の背中につかまり、二十六歳の娘っ子が木製の高い脚立に危うく据えたカメラに目を寄せる背後に、地中海が陽差しを受けて煌めく。一九五五年に白黒で撮影されたオリジナルの写真は明るいオレンジ色に「着色」されている。まさに映画と素晴らしい監督への格調高い頌歌にちがいない。

パリはまた政治の面でも期待に胸をふくらませていた。今夜八時にはエマニュエル・マクロン大統領の国民向けの演説が予定され、首尾がよければ「黄色いベスト運動」の多様かつ急進的な抗議活動をきっかけに巻き起こった数週間におよぶ不穏な状況に終止符が打たれるのではないか。フランス全土で毎週土曜に二十二週間連続してデモが行なわれ、パリを含む数都市の街頭が大荒れとなり、破壊行為も横行した。「黄色いベスト運動」はいまや行き当たりばったりに暴力をふるいながらも獲得目標を明確に表明できず、あらかた信用を失っていたにせよ、フランス国民は大統領と政府に問題を確実に収束する解決策の提起をなおも望んだ。

フランスの政治評論家と外国特派員たちはマクロン大統領がまもなく発表するらしい「大きな」施策とは一体なんだろうと思案投首、なにしろ「黄色いベスト運動」の当初の要求項目——燃料税の廃止など——の大半はすでに受け入れ済みだった。政治記者の間である噂が飛び交う。大統領はフランス国立行政学院（シャルル・ド・ゴールが最高級官僚の養成を目的に一九四五年に創設した著名なエリート校）を閉鎖するのではないか。もしそうなら重大ニュースだ。当初は厳格な試験によって公務員を公平に採用する仕組みとして考案されたものの、国立行政学院は長らくエリート集団によるフランスの支配体制の同義語となってきた。たとえば、学生は学費を家族に頼らなくてよいどころか、在学中は国家が給与を支払ってくれる。ところが、年月が経つにつれ学院は将来のエリートに国家と世界の役割に関する固定した見方を教え込み、画一思想を植え付けるとの批判が高まっていた。

フランスの首都の中心に位置する二つの小さな島のひとつ、シテ島——十二世紀にすでに「パリの頭、心臓、脊髄」とも呼ばれた——ではまもなく晩課を告げる大聖堂の鐘が鳴ろうとしていた。時刻は午後五時四十五分、小学校の正門前には子供たちを迎える父兄の姿が目立ちはじめた。息子や娘はいつものように汗まみれ、服はよれよれになって出てくるにちがいない。ノートルダムの南の薔薇窓と向かい合い、サン＝ジェルマン大通りに面した小さなモベール広場では、パン屋のメゾン・ディザベル——前年パリで一番おいしい「クロワッサン」と「りんごのタルト」賞を受賞した——がまもなく押しかけるはずのちびの美食家とその親たちを迎える準備を調え、待ちかまえていた。運の良い子はおやつに焼きたてのパン・オ・ショコラにありつけるかもしれないし、夕食用のバゲットを買い求める親たちは、せっかくならオーブンから出て間のない、まだほんのり温かい本日の焼き上がり最終分の一本をと願う。隣のチーズ専門の名店ローラン・デュボワも準備万端。夕食前の食料品店の賑わいはパリの名高い日常風景のひとつ。「パンは買った？」に続く「家にチーズはあったっけ？」は、毎日午後六時から八時にかけて、パリで最も頻繁に交わされるやりとりにちがいない。

それは日々の儀式になっていた。十数人のアメリカ人観光客とフランスの首都の美食ツアー専門ガイドが、ローラン・デュボワの店のドーム型ガラスケースの前に集う。そこに並ぶのはカリン入りロックフォール、カルバドス入りカマンベール、胡桃入りブリーを初めとする最新の創作チーズの数々。

団体客は短い説明を聞いた後、店内に招かれ、試食をし、買い物をする。パリ市民はたえず数を増すこうした訪問客に交じって日々の暮らしを営むことにも慣れてきた。観光旅行の大衆化によってパリの多くの地域、たとえばここモベール広場、セーヌ左岸、ノートルダム界隈は、まるで片時も休むことなく人の群がる場所に変化したように感じる。むろんそれには不都合な点もあるものの、パリ市民と観光客の間には少なくとも共通点がひとつあった。それはパリを愛する心。精神の親しい交わりがそこにある。

ノートルダム大聖堂の内部でも、異質な集団がやはり仲良く共存していた。月曜のこの午後、ジャン＝ピエール・カヴォー参事会員がソプラノ歌手のエマニュエル・カンパナとオルガン奏者ジョアン・ヴェグゾの加勢を得て身廊で晩課を上げる間、側廊と回廊には静かにそぞろ歩く数百人の観光客の姿があった。二〇一八年には訪問者一千四百万人を数え、ノートルダムは世界でも最も人気の高い名所のひとつ。年中無休、入場無料のノートルダムは毎年二千回のミサと祭事を執り行なう。[2]

復活祭のカウントダウンが始まった。司祭は詩篇二十七を詠む。

主はわたしの光、わたしの救い、わたしは誰を恐れよう。主はわたしの命の砦、わたしは誰の前におののくことがあろう。さいなむ者が迫り、わたしの肉を食い尽くそうとするが、わたしを苦しめるその敵こそ、かえってよろめき倒れるであろう。彼らがわたしに対して陣を敷いても、わたしの心は恐れない。わたしに向かって戦いを挑んできても、わたしには確信がある。

午後六時十八分、火災報知器のベルが鳴り、大聖堂の警備員のコンピューターの画面にメッセージが点滅する。「身廊聖具室エリア」。ところが、ノートルダムの南翼に位置する聖具室の小さな建物に火の気はない。警備員は仕事を始めてまだ数日しか経っておらず、火災報知の表示システムはとりわけわかりにくく、区域は曖昧と知らされていなかったため、当然ながら誤報と判断した。このところ何度か誤報があり、とくに尖塔の大がかりな修復作業が始まってからはそれが目立った。いまや尖塔は巨大な金属の足場に囲まれ、レースのかかったような状態にある。午後六時四十二分、二度目の火災報知器のベルが鳴った。

数分後、ブノワ・ド・シヌティ師、精力的で若作りの五十歳のパリ大司教区の司教総代理は、中世から続くノートルダム付近のかつてアンフェール（地獄）通りと呼ばれたユルサン通りの住まいを後にし、スクーターに飛び乗った。宵の祈りを捧げるためモンパルナス大通りに面したノートルダム＝デ＝シャン教会を目指すシヌティ師は、大聖堂をぐるり取り巻く小島の狭い小路、シャノワネス通り、続いてクロワトル＝ノートルダム通りを勢いよく走り抜け、セーヌ川に架かるアルシュヴェシェ橋を渡ろうとしてサイドミラーにちらりと目をやった。シヌティ師はブレーキ・ペダルを力一杯踏みこみ、ノートルダムの方角を振り返る。大聖堂の屋根から焔が吹き出していた。[3]

消防隊への第一報は業務日誌に午後六時四十八分と記録されている。火災報知器のメッセージは聖具室ではなく聖堂本体の屋根裏を指すと警備員がようやく告げられてから四分、三百段の狭い階段を登って扉を開き、すでに燃え盛る地獄の業火を目の当たりにしてから二分が経過。「森」と呼ばれる千三百本の樫の梁――大半は十三世紀の材――によるノートルダムの木組み構造の屋根は火炙りにされていた。

エリゼ宮では大統領が国民に向けた演説の録画を終え、フランスのテレビ局は発言内容を解説する特別番組の編成に余念がない。しかしそれも長くは続かない。通りがかりの人々が撮影した写真や動画が、まずは尖塔から立ち昇る黒い煙、続いて空を舐める焔の橙と赤の舌を映し、ＳＮＳ上に溢れはじめた。

そこからちょうど十九キロ離れたヴェルサイユ宮殿には、フランスの宗教美術を担当する国家遺産管理責任者マリー＝エレーヌ・ディディエとノートルダムの総責任者ローラン・プラドが到着したばかり。ふたりは宮殿内のマントノン夫人の居室の再開式に出席しようとしていた。フランク・リエステール文化大臣も同席する。三年間の丹精こめた修復作業を終え、ルイ十四世の隠し妻が一六八〇年から一七一五年まで暮らした四つの華麗な部屋が一般公開される日も近い。来賓のポケットで携帯電話が震動しはじめたのは、シャンパンが供される前のこと。マントノン夫人とヴェルサイユ宮殿には、しばしお待ちいただかねばならない。[4]

片手をハンドバッグに差し入れ車のキーをまさぐりながら、マリー＝エレーヌ・ディディエはすぐさま歴史建造物保存委員会の主任建築家フィリップ・ヴィルヌーヴに電話をかけた。フランスには建築遺産の管理にあたる三十九名の専門家がいて、各々重要な建築物群を分担する。一九九三年、歴史建造物部門は現役の美術史家、建築家のなかから最も才能豊かな者を広範かつ厳格な一連の試験を通じて選抜する作業に取りかかった。[5]「歴史的建造物を現代に生かしつづけるには学識、才能、敬意、分別、そして倫理観が求められる」[6]。かれらはフランス建築界の精鋭集団である。

ノートルダムはフィリップ・ヴィルヌーヴに属する。というよりむしろ、フィリップ・ヴィルヌーヴはノートルダムに属する。オルガン音楽が大好きだった少年時代、ヴィルヌーヴはノートルダムの木製ベンチに腰かけ、大聖堂の伝説的オルガン奏者ピエール・コシュロー[7]が五段の手鍵盤、百十一の音栓、七千三百七十四本のパイプを具えた世界最大級のオルガン[8]を即興で弾くのを何時間も聴きながら、建築家を天職と思い定めた。

ヴィルヌーヴはフランス南西部シャラント地方にいて、早くも時速百八十キロで車を飛ばし、最寄り駅ラ・ロシェルを目指していた。[9]マリー＝エレーヌ・ディディエもすでに車を走らせていたけれども、明らかに判断を誤った。まもなくパリ右岸、ルーヴル美術館と市庁舎の間の交通渋滞に巻きこまれ、ラジオを消しツイッターを閉じ、なすすべもなくただ見守るしかない。ノートルダムはディディエの目の前で焔に包まれていた。

ローラン・プラドは幸いなことに公共鉄道を選び、パリとヴェルサイユを結ぶ地域急行RERに飛び乗った。特急で所要時間五十八分。ところがサン＝ミシェル＝ノートルダム駅は閉鎖されたところで、オルセー美術館駅で降りざるをえない。最後の旅程は自転車で行くほかないだろう。プラドは幸運にも市内各所のステーションに自転車があればどれでも自由に使えるシェア・サイクル「ヴェリブ」の定期券を持っている。残るは警察の警戒網をできるだけ早くくぐり抜けること。ノートルダムの総責任者としてプラドは、たんに六十人の部下の指揮を執るだけでなく、総数百にのぼる鍵の在り処を知っていた。また解錠番号もすべて、ノートルダムの宝物庫と聖堂の最奥部、後陣奥の「悲しみの聖母」礼拝堂にひっそり置かれたもうひとつの貴重品保管庫のものも含め、知っていた。茨の冠は二重の防弾ガラスに守られたこの保管庫に収められている。灰と火の粉の雨をついてノートルダム目指し自転車を漕ぎつづける四十二歳のローラン・プラドの頭にあるのはただひとつ、カトリック界の何より貴重な聖遺物を破滅から救うこと、それだけだった。

＊

「罪悪感」、アフガニスタンで戦い、パリ消防隊司令官を務めるジャン＝クロード・ガレ准将は言う。「罪悪感に押しつぶされそうだ。いったいどうして火があそこまで広がってしまってから到着するなどということが起こりえたのか。我々の交換台は通話を受け損なったのか」[10]。実際には、消防隊員は何もし損なわず、通話を受け損ねてもいない。第一報が入ってから現場に到着するのに要した時間はほんの数分、それでも八百年の歴史をもつノートルダムの屋根を救うにはすでに手遅れとしか思えない。

ガレ准将は火災なら、どんな火災でもよく知っていた。名門サン＝シール陸軍士官学校を卒業後、パリ消防隊に入隊した。ナポレオンはパリのオーストリア大使館で催された舞踏会で放火犯の襲撃をかろうじて逃れた後、一八一一年に消防隊を発足させる。消火作業を専門職とし効率を高めたいと望み、ナポレオンは消防夫からなる初の部隊を創設した。隊員は近衛師団の工兵で構成される。今日にいたるまで、部隊はパリの警護に従事しつづけている[11]。部隊のモットーは「守るか、さもなくば滅びるか」。

パリ消防隊員は男女を問わず[12]たんなる兵士にとどまらない。訓練法もユニークで、珍しい技能を身に着ける。ロンドンやニューヨークなど他の大都市の消防団と比べても、違いが目立つ。まず何より平均年齢二十七歳と年が若い(他国の首都の消防隊員は平均四十歳以上)。体格は小柄から中背、屈強で強靱、日々激しい肉体の鍛練を課される。そのひとつ、毎日二回行なう「厚板[13]」では、ヘルメット着用の制服姿で二・四メートルの高さに設置された小さな厚板に懸垂でよじ登り、板の上に立たなければならない。一八九五年に導入されたこのテストは、床が崩落しても必ず脱出できることを確認するために考案された。テストに落ちると任務に出動できず、出動するためには本来の体調を取り戻さなければならない。五十四歳になった今もガレ准将は定期的に「厚板」を励行しているけれども、一日二回はままならない。ガレ准将はパリの男女消防隊員を「体操選手」と呼び、これは他国の首都と異なり、パリの消防隊員が建物の外側ではなく内側から消火を試みる理由のひとつにもなっている。

ガブリエル・プリュス中佐、副司令官のジャン＝マリー・ゴンティエ准将とともに隊員を率いてノートルダムの前庭に到着するや否や、ガレ准将は規則書は破り捨てて差し支えないと悟る。屋根を救うにはすでに遅すぎ、中世に建てられた石造りの建造物に噴射できる水量には限りがある。十三世紀の薔薇窓については、水圧がかかったとたん砂塵に帰すだろう。発想を変えなければならない、それも直ちに。

あらゆる角度から一斉に鎮火にかかる、これがガレ准将の立てた計画だった。消防士の先遣隊に尖塔の狭い階段を通り高さ四十四メートルの蛇腹に昇らせ、側面から火の手の包囲を試みる。屋根と双塔の間を南北に横断する水のカーテンを設けて気温を下げ、鐘楼を護る。ふたつの鐘楼は青銅製の巨大な鐘合わせて十個を懐いている。ガレ准将は消防隊の保有する「コロッスス（巨人）」、毎分三千リットルの水を噴射できる放水砲のついた重量五百キロの無人消火ロボットを出動させ、身廊のなかに落下する残骸から内陣と翼廊の延焼を防ごうとする。ガレ准将には、身廊内に入った消防士たちがいずれかの時点で高熱と降りしきる熱く溶けた鉛の雨に耐えきれなくなることがわかっていた。

＊

アドリアン・ゲッツはソルボンヌ大学でジャック＝ルイ・ダヴィッド作《ナポレオンの戴冠式》の重要性について講義を終えたところだった。ヴィクトル・ユゴーに詳しく上品な身なりの五十四歳の美術史家は机の上を片づけている最中にスマートフォンに届いた緊急通知を見て、わずか通り数本先で劇的な出来事が展開しつつあると知った。ブリーフケースを小脇に抱え、ゲッツは大急ぎでセーヌ川に向かって歩きはじめる[14]。角を曲がってモベール広場に歩み入ったとき、スマートフォンの画面にいきなりノートルダムの尖塔が炎上する写真が表示された。頭上には黄茶色の巨大な煙柱が渦を巻き、上空に立ち昇るのが見える。気を鎮めようとして、ゲッツは学生に話したばかりのことを思い起こした。一八〇四年にノートルダムで行なわれたナポレオンの戴冠式を誰もが覚えているのは、式が絵に、イメージになったからである。イメージが歴史を作る。

アドリアン・ゲッツはモベール広場からメートル＝アルベール通りに潜りこむ。オースマン男爵も手を着けなかった中世から続く蛇のように曲がりくねった小路は、十九世紀半ばまでペルドュ（喪失）通りと呼ばれた。「そこで立ち止まったのです。わたしはここにいる[15]」。木の焦げるえぐい臭いにまずぎくっとし、続いて風向きが変わったと気づいて恐怖に震えた。木材の裂ける特有の音が鳴りしきる。トゥルネル河岸に立つとそこには人垣ができ、ゲッツと同じパリ市民と観光客が肩を並べ、一様にノートルダムの方角に顔を向けている。人が群がっているのに、河岸は耳を聾する静寂に包まれたまま。午後七時五十七分までは。

「尖塔が！　いや！」群衆から叫び声——ひとこと「ノン！」——がパリの空に上がるや、重い樫と鉛を組んだ重さ七百五十トンの尖塔が崩れ落ち、身廊の石造りのアーチ型天井を破壊する。「死ぬまで忘れられないだろう。ノートルダムの尖塔が焼け落ちるのをこの目で見届けることになる[16]」とゲッツは考える。隣では老人が涙に咽んでいた。ゲッツは独りではない。

ノートルダムの正面に設けられた司令部に立つ消防隊の広報官プリュス中佐には、尖塔が崩落するのが見えない。ただ音は聞こえた。本能的に目をファサードに向けると、ノートルダムのすべての扉が、どれも数トンの重さのある扉が爆風に煽られて一斉に開いた[17]。

すべての人々の脈拍がいっそう速まる。焔と闘う消防士も、セーヌ両岸に身じろぎもせずに立ちつくす見物人も、パリ市民、フランス国民、外国人、近くにいるひとも遠くにいるひとも、テレビの前であるいは携帯電話の画面に見入るひとも。世界中の何百何千万の人々がいまや恐れおののき、心をひとつにして祈った。

状況の展開は速まっているように見えた。今八時を過ぎたばかり。大統領とブリジット夫人が到着する。演説のテレビ中継は中止された。フランスの目下の気がかりはノートルダムのみ。ノートルダム正門前の広場を挟んで向かいに建つパリ警視庁本庁舎では、一階の会議室の使途を変更して作戦司令室とした。首相から文化相まで閣僚の大半、警視総監、国民議会議長、検事総長、アンヌ・イダルゴ市長、ミシェル・オープティ・パリ大司教、ブノワ・ド・シヌティ司教総代理、パトリック・ショーヴェ主任司祭が顔を揃える。ガレ准将が状況を報告しに来るのを誰もがやきもきしながら待ち受けた。

ローラン・プラドは自転車を舗道に乗り棄て、身分証明書を振りかざして警察の非常線を二度突破し、ようやくノートルダムに到着した。プラドとほぼ時を同じくして、やはりアフガン戦争に従軍した消防隊付きのジャン＝マルク・フルニエ神父もやってくる。マリー＝エレーヌ・ディディエもあと十五分のところまでこぎ着けた。他の国家遺産管理責任者、歴史建造物保存委員会の主任建築家の多くも手助けしようとシテ島に集結した。身分証明書を検めて警察は全員の通過を許可する。フランスでは美術と歴史が尊重される。

かれらの心にあるのはただひとつ。ノートルダムの至宝を、堂内に存在する無数の聖遺物、美術品、歴史画をできるかぎり救い出すこと。消防士用の艶やかなヘルメットを頭に載せて、歴史家の大部隊はふたつのグループに分かれる。一方は消防士に付き添われ、聖具室に隣接する宝物庫であれ本堂の奥まった場所であれ美術品を収容し、他方は人間の鎖を作って聖具室と飛梁の真下の庭園を結ぶ。そこでは修復作業を行なうために設置されたプレハブの建物が美術品の臨時倉庫に流用され、国家警察捜査介入部（ＢＲＩ）[18]が寸分の隙なく武装して警戒にあたるだろう。

聖具室ではマリー＝エレーヌ・ディディエがふくらはぎまで水に浸かりながら、脇目もふらずに聖王ルイのチュニックを収めた木製のキャビネットに近づいた。一二九七年に列聖され「聖王ルイ」と呼ばれるルイ九世は、一二三九年にビザンティウムで大金を投じて手に入れたキリストの被った茨の冠をパリへもたらしたとき、簡素なこの白いリネンの服を着けていたと言われる。[19] マリー＝エレーヌは聖王ルイの笞にも手を延ばす。敬虔なカトリック教徒のフランス国王は、自らを笞打つ苦行を偏愛した。マリー＝エレーヌの同僚たちは展示ケースを次々と検め、必要とあればガラスを割り、あるいは錠をこじ開けた。

ローラン・プラドと消防隊付きのフルニエ神父の居場所は、それより遥かに火の手に近い。ふたりは堂内の奥まったところ、後陣奥の「悲しみの聖母」礼拝堂のなかにいた。身廊には燃えつきた梁の破片が散乱し、屋根に開いた大きな穴から紺色の空が見える。煙が充満し、息苦しい堂内を木片が燃えながら舞う。プラドは周囲の惨状を見回すのはやめようと自分に言い聞かせた。目の前の任務に集中しなければいけない。[20] プラドが不在の間に消防士たちは二重の金庫を開けようとして、徒労に終わっていた。正しい鍵を手にしたプラドに今求められるのは、正しい暗証番号を思い出すこと。ひとつ試してみる。不一致の表示が点滅する。別のを試す。どうしても思い出せない。電話は繋がらなかったが、テキストメッセージは通じた。暗証番号を知る聖具室係がふたりいる。プラドはかれらに助けを求めた。午後八時四十二分、正しい暗証番号を記したメッセージが届く。[21] 扉が開く。男たちが茨の冠を収めた赤い革の小箱を取り出し、聖十字架の釘と十字架の一部も救い出した。燃えさしと溶けた鉛があられのように降るなか、一同は聖具室まで退去する。フルニエ神父は、一九九七年四月十一日にトリノのグアリーニ礼拝堂を焼きつくす猛火のなかからキリストの聖骸布を救い出したイタリアの消防士マリオ・トレマトーレを思い出さずにはいられない。トレマトーレは斧一本を頼りに、ただひとり果敢に防弾ガラスを叩き割って前進し、聖骸布を収めた銀の小箱をつかみ運び出した[22]。

市長室は貴重な聖遺物と美術品を、セーヌ川を挟んで向かい合う右岸の市庁舎に移送するトラックを手配した。市長にはこれらの品々をルーヴル美術館に送り出すまで、安全に保管できる隠し部屋の用意があった。マリー＝エレーヌは先頭を行くトラックの助手席に乗りこみ、茨の冠と聖王ルイのチュニックを膝に載せる。広場の向かいでは美術品の救出作戦開始のニュースが作戦司令室に届き、おずおずとした笑みが表情を明るくする。しかし、一息つけたのもほんの束の間。

警察はドローンをノートルダムの上空に送りこんだ。目的は火災の状況を調べ、建物の軀体におよぶ被害を視認すること。大きなスクリーンにドローンの見たままが映し出される。スクリーンの前の人々は目を丸くして見つめ、口を手で覆った。深紅に燃え盛る巨大な十字が悪魔の宴のように身廊と翼廊を覆う恐ろしい映像を目の当たりにして、誰もが心底から震え上がる。何人かには、ショックが激しすぎた。ショーヴェ主任司祭は気を失い、市長の腕のなかに倒れこむ[23]。しかし、事態はさらに悪化する。

消防士のひとりローラン・クレルジョはプロのスケッチ画家でもあった。一時間ほど前からクレルジョはガレ准将とゴンティエ准将に素描を見せている。任務は司令部に全体像を示す、つまり火災の性質と進行状況、風向きの変化、詳細のすべてを伝え、火災との闘いの一助となること。クレルジョは定期的に許可を求め、ノートルダムのいたるところに足を運び、急展開する状況をより明確に把握しようと努める。鉛筆とスケッチ帳があれば事足りるクレルジョは速やかに行動し、すぐさま報告に戻れる。八時を過ぎてまもなく、クレルジョは双塔をつなぐガーゴイルの歩廊に登る許可を求めた。少し前からどうしても何か気になることがあった。北の鐘楼の小窓から朧に見える明かりは何なのだろう。鐘楼のルーバー窓がほんの少し開き気味なのにも気づいた。これは気がかりだ。火災の起きた建物に隙間ができれば吸引現象が生じ、火が燻りはじめる。そのうえ、猛火の作り出す摂氏八〇〇度のガス雲を、いまや南風がじかに北塔に吹きつけようとしている。クレルジョは三百八十段を駆け上り、ファサードの上部歩廊にたどり着く。熱はほとんど耐えがたい。素早く北塔の周囲を回り、半ば隠れた扉を見つけた。おそらく頂きに至る小階段があるのだろう。何度か蹴飛ばして錠を壊し、なかに入る。[24]上を見て、すぐさま無線電話に手を延ばした。「北塔が燃えています!」四十三メートル下の司令部でこの言葉を聞いたガレ准将の顔から血の気が引いた。

北塔は八個の巨大な鐘を収め、二個一組、各段に二組、二段に分けて配置してある。鐘を支える構造はすべて、ノートルダムの屋根裏と同様、重く巨大な木の梁を用いて中世に作られた。鐘は美しい名を帯びる。ガブリエル、アンヌ゠ジュヌヴィエーヴ、ドニ、マルセル、エティエンヌ、ブノワ゠ジョゼフ、モーリス、そしてジャン゠マリー。八個合わせた重量は十六・六トン。

もし木の枠組みが燃え尽きれば、鐘は転げ落ち、それとともに塔全体が崩落するだろう。ノートルダムが南塔に具えるもう二個の、最低音を奏でる最も大きな重量十三・二トンのエマニュエルと六トンのマリーもまちがいなくそれに続き、二つめの塔も崩れ落ちれば、ファサード全体、そしてやがては建物の残りの部分も崩壊すると思われる。ノートルダムの四周に並ぶ近隣の建物、幸いすでに大半の避難は済んでいても、そちらへの影響もおそらく避けがたい[25]。

ガレ准将は素早く部下と協議し、二言三言ことばを交わす。多くを語る必要はない。目を見れば、すべて判る。部下のひとりひとり、付き合いは長い。そのため決断も意志疎通もより容易に、迅速になしえた。あとは大統領に計画を示し、裁可を仰ぐのみ。一刻を争う。ガレは水の滴る消防服を着たまま司令部に入る。「手短かに、慎重に言葉を選ぶ必要があった[26]」と、ガレは三か月後に当時を回想する。

ガレの見方は単純だった。状況があまりに深刻なため、思い切った手を打つほかに選択の余地はない。危機的状況を偵察し介入する特殊救助エリート部隊（GRIMP）五十名を直ちに双塔に派遣し、至近距離から火災に手向かい、白兵戦を挑む必要がある。「明日の夜明けにまだ塔の立つ姿を見たいのなら、これが我々に残された唯一のチャンスです」。室内によどむ重苦しい沈黙を破り、「リスク評価はしましたか」と訊ねる声がした。ガレ准将が応える。「リスクは了解、了承されました」。マクロン大統領は傍らのブリジット夫人とともに准将に歩み寄り、力をこめて腕を握る。「ありがとう、准将、そのとおりに進めてください。何も問題はありません」

GRIMPの隊員が螺旋階段を駆け上がり、ファサードを伝い降りる緊急避難に備えて双塔を分かつ足場に鉤縄、繋鎖、ロープを設置する間、別動隊は直下の消防車にじかに繋いだ補助ホースを運び上げる。これらのホースに耐えられる最大限の水圧が必要になるだろう。

消防士の先遣隊が北塔に入ろうとする。周囲を見回す者もある。かたやノートルダムの屋根は地獄の大釜。他方、眼下四十三メートルにはこちらを見上げる数百の消防士の群れ、そして橋と河岸はひとの海、老いも若きも、母親の胸に抱かれた子供も、肌の色も信仰も異なる人々が揃ってこちらに顔を向ける。

北塔はいまや十メートルの焔を吹き上げ、地獄の様相。二組の鐘を隔てる床が燃えている。そこを這い上がらねばならない。先頭を行く副隊長が階段を一段ずつ慎重に試し、隊員がすぐ後に続く。鐘を見る前に、すでに燃え尽きた一段が体重を支えきれずに崩れ落ちる。鐘楼に落下しかかったものの、酸素ボンベがすぐにひっかかり、惨事は免れた[27]。数秒後、気を取り直して元の場所に這い上がり、ふたたび階段を昇りはじめる。

この後の三十分がノートルダムの命運を決するだろう。

ガレ准将は南塔にも三名の隊員を送りこみ、塔を冷却し、延焼を防ごうとする。隊員はホースをエマニュエルと妹分のマリーに向けた。世界最大の鐘のひとつエマニュエルは一六八六年からそこに吊り下げられてきた。嬰への太い声が轟く機会は稀で、聴いた者すべての心を揺さぶる。水が滴となってエマニュエルの胴部を流れ落ちると、塔全体に嘆きの歌が響きはじめる。いったいこれは何だろう、消防士三人は訝しむ。二つの鐘が呻き、啜り泣く。ノートルダムが涙を流し、泣いている[28]。

午後九時三十五分、ガレ准将がひとりテレビカメラの前に歩み出る。誰かがフランス国民に事態の深刻さを報せなければならない。「火災が北塔の鐘楼にまで達するのを止められるかどうか、わかりません。もし鐘楼が倒壊したら、損害の酷さは想像にお任せします」。ガレを見つめる数百万の人々は、まさにこのとき、ノートルダムが生きるか死ぬかの瀬戸際にあることをにわかに理解する。ガレ准将は声明の後、洪水のように押し寄せる質問には耳を貸さない、すでに語るべきは語った。部下の待つ司令部に戻ろう。

合図を待ち受けていたかのように、オープティ大司教がツイッター上でメッセージを発信する。「パリのすべての司祭の皆さん。消防隊の諸君は今もノートルダムの双塔を救おうとして闘っておられます。木組み、屋根、尖塔はすでに崩落しました。祈りを捧げましょう。鐘を撞き、広くこのことを告げてください」

モントベロ河岸に集まった群衆に交じり、アドリアン・ゲッツは直感的にこの瞬間がいかに劇的なものか理解する。双塔を見られるひとの目に、危機の切迫は明らかだった。何千もの人々がダンテ通りとビュシュリー通りを埋めつくそうとしていた。ビュシュリー通りは十三世紀初頭に遡る左岸で最も古い通りのひとつで、薪屋の集った通りからは、ノートルダムのファサードの一部と薔薇窓のある南面を望める。

サン＝ミシェル河岸では、遠い過去を偲ばせる光景が繰り広げられつつある。パリの若者と若者とは呼びがたい人々がともに跪き、嘆願する。このように驚くべき光景を、最後にパリが目にしたのはいつのことか。無言で祈りを捧げるひとがあり、囁くようにアヴェ・マリアを歌うひとがある。テレビで中継放送されたこの映像はあくまで世俗的なこの国、腹の底から懐疑主義的な国民を啞然とさせ心根を揺さぶった。畏怖の念に打たれ、フランスは自らの歴史が、たとえ一世紀、あるいはそれ以上世俗主義の下に埋もれてきたにしても、いかに深くキリスト教と結ばれているかを悟った。

フランスの首都のいたるところから、実際にはフランス全土で鐘が鳴りはじめ、ノートルダムに捧げる巨大な祈りがひとつになる。神父たちは大司教の呼びかけをたしかに聞いた。フランス中の教会の鐘が、命取りになりかねない猛火に囚われた兄弟のために鳴り響く。厳かな、崇いひととき。

ガレ准将は部下全員にノートルダムからの退去を命じ、「コロッサス」を焔の燃え盛る身廊の内部へ送りこんだ。ＧＲＩＭＰの隊員五十名のみが双塔にとどまり、火災に接近戦を挑む。准将はレーザー測距計をノートルダムの周囲と内部に設置するように求め、建物の軀体の安定性を常時監視させる。レーザーの観測データは思わしくない。ノートルダムの損害は著しく、平衡を保つのに凄まじい重圧がかかる。「北の破風が一センチずれたとの報告を受けた。一センチだよ[29]！」ガレ准将はのちにこう告白する。建物はほんの二、三ミリ横にずれるだけで、倒壊の危機に瀕するとされる。

ガレ准将は北塔と上部柱廊で火災と闘う部下を見上げる。「わたしの立つ位置からは、かれらのヘルメットのライトが蛍のように見えた」。ガレはアメリカ人の友人ジョー・ファイファーを思わずにはいられない。ファイファーは二〇〇一年九月十一日朝、世界貿易センターが攻撃を受けたとき、消防隊の隊長として真っ先に現場に駆けつけた。ふたりはハーヴァード大学で開かれた指導力をテーマとする国際会議で話し合ったことがある。突っ込むか、止めるか、それがつねに問題だ。

ノートルダムはそれまでに身をもって体験したいかなるものとも異なるように感じられる。「彼女は生き物だ」とガレ准将は言う。今宵、パリの中心でことばの意味と価値観に劇的な変化が生じつつあった。アドリアン・ゲッツは大聖堂を見つめながら、「ノートルダムはわたしにとって歴史、文学、図像の象徴だった。それがいま石と木に変わった[30]」ことに気づく。ノートルダムについて語るとき、あるいはたんにノートルダムのことを考えるときにどうしても「彼女」と呼びたくなる衝動が徐々に心身に滲み入り、ふくらんでくる。彼女は永遠の生命をもつ、彼女は不滅の物質でできている、彼女はパリを埋葬する、わたしたちが灰になってからはるか後に、この世の終わりを見届けるとわたしたちは思ってきた。それは信仰や信念の問題ではなく、カトリック教徒、パリ市民、フランス人であるとに関わらない。ノートルダムに一度でも近寄り、彼女の美しさ、慈悲深い姿に心打たれたことのあるひとの誰もが、今宵、いかに彼女が傷つきやすいかを思い知らされた。

カトリック教徒にとって聖別されたパンとワインがキリストの肉と血になるのに等しい物事を根底から覆す変化が、シテ島で、そして近くあるいは遠くから事態を見つめる人々の感情と理性に起こりつつあった。ノートルダムはたしかに肉体を具え、わたしたちがわたしたちである由縁と分かちがたく結ばれている。

ガレ准将が北塔の火災は下火になったと自信をもって大統領に報告できると確信できたのは、午後十一時。司令部に集う人々がとても叶うまいと恐れながら、身を焦がして祈ってきた望外のニュースをしっかりと受けとめるまでに、長く感じられる数分を要した。

午後十一時三十分、マクロン大統領が右にエドゥアール・フィリップ首相とイダルゴ市長、左に国民議会議長とパリ大司教、ガレ准将をしたがえノートルダムの前でテレビカメラに向かって歩み寄る。大統領は国民に向かって語りかける。

今夜の出来事は恐ろしい悲劇であり、わたしはまず非常な勇気と見事な専門技術を発揮して火災と闘い、今も闘いつづけている五百名の消防隊の諸君に、そして揺るぎない決断力を示された隊長に敬意を表したい。全国民を代表して、皆さんに感謝の気持ちを捧げます。勝利をまだ手にしてはいないものの、最悪の事態は避けることができました。この先、困難が待ち受けていますが、消防隊の勇気のおかげで、ファサードとふたつの塔は倒壊を免れました。

大統領は最後の一文をほとんど囁くように述べた。演説は続く。

フランスの、そして世界中のカトリック教徒の皆さんに思いをいたし、皆さんの心境を慮り、我々は皆さんとともにあります。わたしはパリの全市民、すべての同胞とともにあります。なぜならノートルダムは我々の歴史であり、文学であり、すべてのひとの心に生きており、我々は偉大な瞬間のすべてを、戦争も、解放もノートルダムとともに生きたからであります。ノートルダムは我々の人生の震源地、フランスの起点にほかなりません。数えきれない書物であり、数えきれない絵画でもあれば、フランス国民全員の聖堂であり、それは一度も堂内に足を踏み入れたことのないひとにとっても同様です。彼女の物語は我々の物語であり、その彼女が燃えている。わたしは悲しみを、我々の誰もが感じた心の裡の震え、恐れを感じます。しかし自分自身も含め、皆さんには希望を懐いていただきたい。

大統領は微笑み、活気づいたようにさえ見える。

最悪の事態を避けようと死力を尽くして闘ってくれたすべての人々の姿を目の当たりにする誇らしさ、八百五十年前にこの聖堂を我々は建てたと知る誇らしさにこそ希望はある。ここにわたしは厳かに申し上げる、我々は全員で力を合わせ、彼女を再建する。それは我々の運命にほかなりません。数時間のうちに、寄付の募集を始め、優れた才能を有する方々に彼女の再建に貢献するように求めます。なぜなら我々は彼女を再建する、ノートルダムを再建するのですから。それがフランスの求めること、我々の歴史はそれに値し、それこそが我々に深く根ざす運命なのですから。[31]

＊

建物の骨組みは倒壊を免れた。家庭でもセーヌ河畔でも、国中が度重なるショックに感覚が麻痺し、惚けていた。「少しずつ、群衆のなかの人々がことばを交わしはじめた。全員が難破船の生き残りのように見えた」[32]。アドリアン・ゲッツも、ほかの大勢と同じように、さらに数時間、明け方までその場にとどまり、夜通しノートルダムを見守った。

救い出された数百の美術品、聖遺物、そして絵画はすでに市庁舎に保管され、その市庁舎からは市長が急ぎ持ち場に戻ってきたばかり。時刻は真夜中を過ぎた。聖遺物を膝に載せ、ノートルダムを後にする最初のトラックに乗りこんだとき、無感覚だったことをマリー゠エレーヌ・ディディエはのちに思い起こす[33]。感情が行動に追いつかず、麻痺してしまった。それでもようやく安全な市庁舎のなかに身を置き、ひとつ残らず安全に保管された宝物を前にして、激情が堰を切ったように溢れ出し、涙を抑えきれない。涙はとめどなく流れ落ちる。このすべてが失われていたかもしれないと思うだけで、どうにもやりきれなかった。

＊

「なかに入りましょうか」ノートルダムの前で国民に向けて即興の演説をすませたマクロン大統領がこう訊ねる。ガレ准将は頷き、同意した。ノートルダムの入口に立つ大統領と一握りの側近を、幻影が迎える。身廊と内陣のさらに先、灰色の水たまりと炭化した残骸、黒焦げの樫の梁の山に囲まれ、黄金の十字架とピエタ像はいまも無傷でそこに立っていた。聖母とその腕に抱かれたキリストを刻む白い大理石に染みひとつなく、破損を免れ、被害もない。十七世紀初頭にニコラ・クストゥーの手がけたピエタ像の右には、跪き王冠を聖母マリアに捧げるルイ十三世の大理石像、左には息子ルイ十四世がキリストの母を崇敬と憧憬の念とともに見つめる彫像。尖塔とアーチ型天井はその足許に崩落していた。

午前二時、ガレ准将は今一度ノートルダムの点検を行なう。いまだに六か所、火が燻りつづけていて、完全に鎮火するには数日かかるだろう。「身廊のなかに入ると、焼け残った祭壇の上に積もる焦げた瓦礫の合間から、白い斑がちらりと見えた」。それが実は薄茶色の革装大判の書物で、開いたページに埃がうずたかく積もっている。「何かと思い近づくと、埃を透かして単語を見分けられた。希望、だ[34]」。ミサに用いる聖書の日課集は破壊を免れた。書物は復活の希望に向かって開かれる。

2　一一六三年――礎石

「いつの日かこの偉大な建造物が完成した暁には、比較を絶するものとなろう」
ロベール・ド・トリニー[1]

十二世紀半ば、首都パリはいましも経済、政治、地域、文化、芸術すべての面で驚異的な拡張を始める門口に立っていた。これ以降百五十年にもおよぶ成長と発展を、今日に至るまでパリは二度と経験することはない。このうえなくめでたいその時期に、ノートルダム大聖堂は建設された。[2]

十世紀から十三世紀にかけて複数の都市が復興したものの、都市人口は全体の十五パーセントを占めるにすぎない。したがって規模はさして大きくなかった。マルセイユは人口一万、リヨンは二万である。ヨーロッパでとくに大きな人口を抱える都市は、じつはフランドル地方とイタリアにあった。ヘントには六万四千人が暮らし、フィレンツェには十万、キリスト教世界を照らす松明ミラノとヴェネツィアにいずれも二十万人、それと比べてロンドンの人口は四万人にすぎない。

ところがパリはもっぱら農村地帯からなる王国にありながら、西洋世界で最も人口の多い都市となり、後続を大きく引き離す快挙を成し遂げる。二十七万の住人[3]が四百ヘクタールにも満たない地域に暮らすパリほど、都市の名に値するものはない。[4]

パリはフランスの首都だが、さてフランスとはいったい何か。十二世紀末のフランス王国の領土は、北部の都市アミアンから南のブールジュに至る緑濃い細長い帯状の農村地帯で、パリはその中心にあった。ところが、「尊厳王」の名で知られるフィリップ二世が一連の征服戦争の後一二〇四年までにノルマンディー、メーヌ、アンジュー、トゥーレーヌ、ポワトゥー、そして大西洋岸の南西部の都市ボルドーに至るプランタジネット朝の残余の領土を含め、新たな領土多数を獲得する。一二二九年には家臣のトゥールーズ伯が領地のラングドックを国王に割譲し、一二八五年にはシャンパーニュ地方が勅令により購入される。数年後にはリヨンと周辺地域が加わり、フランスの国土はさらに拡大した。[5]

ヨーロッパの都市が通常ひとつかふたつの機能を担う（ヘントは工業の中心、ボローニャは大学都市、ヴェネツィアは通商大国）のに対して、パリはそのすべてを一手に引き受けた。まず、専門性の高い職人多数を擁して、パリの経済活動は大いに繁栄した。一二六八年にパリ奉行エティエンヌ・ボワローがまとめた『職業一覧』には、九百種のさまざまな専門職が登録されている。[6] たとえば、きわめて有力な生地業界は熟練労働者を多数雇用した。毛織物剪毛工、毛梳き櫛職人、梳毛工、毛織物縮絨工、毛織物工、染物職人、そして生地商自身。もし毛織物を扱えば、同じく厳密に統制された綿と絹の商いには手を出せない。商人と貿易商、とりわけ小麦、ワイン、毛織物を扱う者は群を抜いて強力な集団を成し、セーヌ川を利用した商取引を独占した。

権力を握る王家と司教は、これら富裕なブルジョワ層との緊密な協力が肝腎と素早く理解する。[7] 荘園領主の大半もこの頃、住まいを都市に移す決断をした。領地の産物は都市に集まり、商人がそれを領主に代わって販売する。領土の征服と経済の発展が進行するこの時代、相互の協力がすべてに利益をもたらした。一一九〇年、第三回十字軍遠征に出発するにあたり、[8]フィリップ二世は留守中に国王の課す徴税作業を縁続きの貴族ではなく、当てつけがましくパリの裕福なブルジョワ七家に委ねた。十年後、フィリップ二世はさらに多くのブルジョワを登用し、ノルマンディー、ラングドックを含む新たに征服した領土の行政と財政運営に協力させる。抜け目のないかれらの切り盛りのおかげで、併合した新領土は王室の財産を倍増させ、フランスはヨーロッパで最も豊かな王国となった。[9]

経済大国の中核をなすやりくり上手なブルジョワジーがいっそう繁栄をきわめるパリはまた信仰の中心、司教管区の所在地でもあった。シテ島には絶大な権威を誇るパリ大司教が司教館を構え、数百名の神父とかれらの職務を助ける参事会員がそれにしたがう。職務のひとつは教育である。パリは名門神学校と新設された大学群を擁し、ヨーロッパでも優れた学問都市として名を挙げた。国内の地方県ノルマンディー、ピカルディーに加え、近隣のイングランド、スカンディナヴィア、ドイツ諸邦、フランドル、イタリアから年若い聖職者や学生の集団が教育を受けようとシテ島に群がった。最貧層はセーヌ川の南側、家賃の安い、のちに「左岸」として知られる場所に住み着く。若く、騒々しく、男ばかりのこの学生集団が、同じフランスでもよそでは人口の二パーセントにすぎないのに、パリでは十パーセントを占めた。かくして売春が黙認される。ブルジョワの若い娘たちを人口構成の偏りと風紀紊乱から守るためである。公営の娼館こそ有しなかったものの、評判の酒場に行けばどこでも娼婦は見つかった。

これらの学生は世間と没交渉に暮らしたわけではない。かれらも自らの生きる時代の一翼を担い、ほぼ全員が教会に属した。かれらは剃髪した聖職者であり、司教の管轄下にあった。学ぶのは宗教活動でも、授かった教育を生かすべき使命は修道院を出て、民と交わる行動をともなう。使命は口伝えでなされる。学生はやがて俗人にお言葉を広める――神を知らしめる――ことになるだろう。[10]

学生の頭数はきわめて流動的で、指導する師の良し悪しにより膨らみもすれば潮の引くように散ることもある。一一五〇年までにパリはラン、シャルトル、サン゠ドニを追い越した。この成功は当代一の教師、アベラールを彩る誉れに負うところが大きい。より大胆かつ独立心旺盛な指南たち――その厚かましさの下により多くの学生が集う――はフーアール通りとプティ・ポン通りに小部屋を借りた。いずれも未来の大聖堂からは指呼の間。セーヌ川の南、シテ島の向かいにただ学ぶために存在する一地区が新たに誕生し、成長を続けた。

やがてパリは五世紀後半にメロヴィング朝の始祖クロヴィスから当初授かった王国の首都の地位を回復する。フィリップ二世が一一九〇年に周囲をとりまく堅固な城壁を築き、これによって移送してまもない王家の宝物と公文書の護りを固めると、パリは公に王家自らが選んだ居住の地としての威風をそなえた。「パリは国王の都市、ローマが失って久しい正真正銘の首都となる中世ヨーロッパで最初の都市である。パリはたんなる帝国でもなければある種のキリスト教世界でもない王国、唯一無二の王国の首都となった」[11]。

少しずつパリは四通りの使命を我が物とする。国王の都、商都、司教の都、そして大学都市である。「学校が続々と現われる狭い小路に新たな精神が誕生した」[12]。

＊

有用な既存の聖堂の建つ場所に、しかも改修がすんだばかりだというのにノートルダムを建設するという大事業がいかに途方もないものであったかを理解するには、一一五〇年から一三〇〇年までのシテ島の日々の暮らしに身を浸してみなければならない。（今日のわずか千人どころか）人口一万五千を数える当時のシテ島はただ人出で賑わうばかりではない。そこには塵芥と糞尿が中央に連なる隘路でかろうじて隔てられた陋屋がひしめいた。金満家と無一文が隣り合って暮らし、大きな邸の隣にあばら家が並ぶ。古びた聖堂の前の広場は商店や屋台で混み合い、露天商の掛け声が響き、切り分け、骨を抜き、青天井の下で売られる魚や肉の臭気が鼻をつく。縁日や市が定期的に開かれ、なかでも九月八日のタマネギと花の市、ほぼ半年後の四旬節の最終日に催される色とりどりのハム市のふたつはとくに人気が高く、ときに参事会の廷吏の介入が必要となることもあった。

素晴らしい聖堂の正面を拝める
この前庭の四方から

ハムの森があたかも
植え付けられたように生えている。[13]

宗教上の行進もかなり頻繁に、たとえば洪水や大雨のような自然災害が起こるたびに行なわれた。そうなるとパリの守護聖人、聖ジュヌヴィエーヴの聖堂が供覧に付され、誰もがお目通りが叶い、嘆願できるようになる。

古くからある聖堂前の広場は、言葉のあらゆる意味で、劇場と呼ぶにふさわしい。常設の絞首台からは、この小さな区角の司法権をもつ司教に死刑を言い渡された罪人がときに吊り下がる。舞台が設けられ、聖史劇の演じられる日もあった。

＊

ノートルダム・ド・パリの建設、そしてより広くはシテ島の色直しの資金を出したのは誰なのだろう。一言でいうと、確かなところは誰にもわからない。今日に伝わる経理関連の文書はほんの一握り。この疑問に関心を抱く歴史家は、大聖堂の建設と装飾のために施された寄付の痕跡を求めて、個別の古文書に残る特許状台帳、死亡者略歴[14]を調査し、そこから結論を引き出した。

どうやら誰もが、下は貧しいパリ市民から上は国王と側近にいたるまで、十二世紀から十三世紀末

白水 図書案内

No.907／2021-3月　令和３年３月１日発行

白水社 101-0052 東京都千代田区神田小川町 3-24／振替 00190-5-33228／tel. 03-3291-7811
www.hakusuisha.co.jp/ ●表示価格は本体価格です。別途に消費税が加算されます。

権威主義
——独裁政治の歴史と変貌

エリカ・フランツ
上谷直克・今井宏平・中井 遼訳
四六判■２５００円

デモクラシーの後退とともに隆盛する権威主義——その〈誘惑〉にいかにして備えればいいのか？　不可解な隣人の素顔がここに！

中国・アメリカ 謎SF

柴田元幸・小島敬太〔編訳〕
四六判■２０００円

〈謎ＳＦ〉の世界へようこそ！　謎マシン、謎世界コンタクト…、中・米の現代文学最前線から、インスピレーションによって紡がれた偏愛の7篇の競演！

メールマガジン『月刊白水社』配信中

登録手続きは小社ホームページ www.hakusuisha.co.jp/ の
登録フォームでお願いします。

新刊情報やトピックスから、著者・編集者の言葉、さまざまな読み物まで、白水社の本に興味をお持ちの方には必ず役立つ楽しい情報をお届けします。（「まぐまぐ」の配信システムを使った無料のメールマガジンです。）

ミンスキーと〈不安定性〉の経済学
——MMTの源流へ

L・ランダル・レイ［横川太郎監訳・鈴木正徳訳］

MMTの源流へ。先の金融危機で囁かれた「ミンスキー・モーメント」とは何か？　「安定性が不安定性を生み出す」ミンスキー理論の全貌。

（3月下旬刊）四六判■2400円

ノートルダム　フランスの魂

アニエス・ポワリエ［木下哲夫訳］

二〇一九年四月十五日、世界遺産である築八百年の大寺院が炎に包まれた。その比類ない歴史を見つめ、国家の象徴となった道程を辿る。

（3月下旬刊）四六判■3000円

ドイツ史　1800-1866
——市民世界と強力な国家　（上・下）

トーマス・ニッパーダイ［大内宏一訳］

19世紀の幕開けから普墺戦争まで、ナポレオンからビスマルクまでを網羅する、泰斗による本格的な歴史書。バ

新刊

ケイティ・ミッチェルの演出術
——舞台俳優と仕事するための14段階式クラフト

ケイティ・ミッチェル［亘理裕子訳］

俳優たちと仕事するときの、黄金ルール！　英国を代表する女性演出家が、準備から本番までの全段階ごと、リーダーの実践ツールを伝授。

（3月下旬刊）四六判■2500円

白水Uブックス234

光のない。［三部作］

エルフリーデ・イェリネク［林 立騎訳］

3・11以後の世界に、ノーベル文学賞作家が捧げるレクイエム！　東日本大震災と原発事故がモチーフの三部作、一挙収録［訳文一新］。

（3月中旬刊）新書判■1800円

白水Uブックス233

ビルバオ―ニューヨーク―ビルバオ

キルメン・ウリベ［金子奈美訳］

飛行機で太平洋を渡っていく「僕」の脳裏に波のように寄せては返す思い出の数々……バスクから海を越えて届

でシャンソンを　さくらんぼの実る頃・枯葉

編著

表記もついた、ひとりで自宅で気軽に始められるレッス
譜・ピアノ伴奏（カラオケ）付。

リ》　（3月中旬刊）A5判■2800円

3級問題集　[三訂版]

リス・ジャケ、舟杉真一編著

必須の文法。CDでもスマホでも聴ける豊富な聞き取り練習、
ントと文法でどんどん進む仏検対策の決定版。

アプリ》　（3月下旬刊）A5判■2000円

かる韓国語の体の慣用表現

手や足など体の部位を表す単語を様々な形容詞や動詞と組み合わ
で、思わぬ意味も表し、感情を豊かに表現します。

（3月下旬刊）四六判■2200円

と知りたい台湾華語

基本文型を学び終えた人のための学習書。文法をプラスしながら、
話との違いを解説。注音符号付き（一部ピンイン併記）。

付／音声アプリ》　（3月下旬刊）A5判■2700円

ばたくロシア語　旅歩きで初級からステップアップ！

岐康子、三神エレーナ

人公が遭遇するさまざまなシーンを通して、旅行気分を味わいながら実
用的なロシア語を学んでいきましょう。音声アプリあり。

《音声アプリ》　（3月下旬刊）四六判■2200円

フランス語・フランス語圏文化をお伝えする唯一の総合月刊誌

ふらんす

4月増大号（3／23頃刊）
■特別定価（本体952円＋税）
音声無料ダウンロード

4月号特集は「仏政府公認フランス語資格DELF A2に挑戦!」。昨年度のDELF A1に続けて、今年はDELF A2についてくわしく見ていきます。今後のフランス語学習にお役立てください。小特集は「ネット de フランス語」。そのほか、魅力的な新連載も多数ご用意しました。2021年度の表紙もお楽しみに。

プルーストへの扉

ファニー・ピション　高遠弘美訳

『失われた時を求めて』を読みたいと思っている人、読みはじめたけれど挫折してしまった人に捧げる、斬新でわかりやすいアプローチ。

四六判■2100円

英語原典で読むシュンペーター

根井雅弘

英雄的な企業家によるイノベーションから資本主義の崩壊過程まで、20世紀が生んだ天才経済学者の英語原典を味わう。人気講義第三弾。

四六判■2500円

戦後経済学史の群像
日本資本主義はいかに捉えられたか

野原慎司

日本資本主義論争、そして大塚史学以後、日本の資本主義はいかに論じられたか？　従来の戦後論に捉われない新たな戦後へ赴く試み。

四六判■2200円

「移民の国アメリカ」の境界
歴史のなかのシティズンシップ・人種・ナショナリズム

メイ・M・ナイ　小田悠生訳

アメリカに「国境意識」が芽生えた20世紀初頭にさかのぼり、国境・主権国家・国民国家の自明性を歴史的に問い直した画期的書。

四六判■6300円

塙 和也

青森県・電力会社、そして霞が関……原発事故、政権交代を経て、日本の原子力政策はいかなる変容を遂げたのか？

四六判■1800円

トロイア戦争
――歴史・文学・考古学

エリック・H・クライン［西村賀子訳］

古典文学に伝えられる伝説の戦争は現実にあったのか、あったとすればその実態は？　最新の研究成果をさまざまな分野から総合的に描き出す。

四六判■2500円

踊る熊たち
――冷戦後の体制転換にもがく人々

ヴィトルト・シャブウォフスキ［芝田文乃訳］

ブルガリアに伝わる「踊る熊」の伝統の終焉と、ソ連崩壊後の旧共産主義諸国の人々の今。ポーランドの気鋭による異色のルポルタージュ。

四六判■3000円

白い骨片
――ナチ収容所囚人の隠し撮り

クリストフ・コニエ［宇京賴三訳］

ホロコーストの歴史を無修正で物語る、ミクロストリア研究！　秘密写真や未公開資料をもとに5つの収容所を実地調査した、戦慄の「写真論」。

四六判■7000円

三島の子どもたち
――三島由紀夫の「革命」と日本の戦後演劇

日比野 啓

三島由紀夫の「遺伝子」は、演劇においてどのように継承されたのか？　アングラからアンドロイド演劇までの半世紀を徹底検証する。

四六判■3400円

好評既刊

リン・マー［藤井光訳］

発の熱病が世界を襲い、NYは無人となり、感染者はゾンビ化する…生存をかけた旅路の果ては？　中国系作家によるパンデミック小説。

（3月下旬刊）四六判■3400円

エクス・リブリス

もう死んでいる十二人の女たちと

パク・ソルメ［斎藤真理子訳］

3・11、光州事件、女性暴行事件などの社会問題に、韓国で注目の新鋭作家が独創的な想像力で対峙する鮮烈な8篇。待望の日本オリジナル短篇集。

四六判■2000円

エクス・リブリス

恥さらし

パウリーナ・フローレス［松本健二訳］

一九九〇年代から現在までのチリを舞台に、社会の末端で生きる女性や子どもの思いや現実をミニマルに描き出す。鮮烈なデビュー短篇集。

四六判■3000円

マシーン日記2021

松尾スズキ

笑いにのって、悪夢の彼方へ！　町工場で暮らす男女4人のグロテスクな日常が、性愛を軸に綴られてゆく。伝説の愛憎劇を、全面改稿。

四六判■2200円

文庫クセジュ1042

アーカイヴズ
――記録の保存・管理の歴史と実践

ブリュノ・ガラン［大沼太兵衛訳］

起源、歴史、使命、機関、収蔵資料、教育制度、業務内容、現代の課題など、アーカイヴズを理解するための格好の入門書。

新書判■1200円

文庫クセジュ1041

ジュネーヴ史

アルフレッド・デュフール［大川四郎訳］

要塞都市から交易と金融の中心地へ。宗教改革の牙城から急進主義の開かれた都市へ。後退と発展をくり返し国際都市となるまでを概説。

新書判■1200円

フランス語

古石篤子、渡邊みき

効果的なカタカナ

ン CD ブック。楽

《CD付／音声ア

仏検対策

小倉博史、モー

過去問一新、

よくわかるビ

《CD付／音声

絵でわ

辛昭静

目や口や

せること

もっ

張佩茹

発音と

普通話

《CD

羽

までに、ノートルダムの建設のために寄付をしたか、何かしらのかたちで貢献した。もっとも資金の大部分はただひとりの人物、モーリス・ド・シュリー司教の職にともなう莫大な収入が出所らしく、そのほぼ全額を司教はこの一大都市開発事業に費やしたようである。収入は厖大だった。司教たちはシテ島を中心とする半径五十キロ圏内の最良の土地を所有し、巨大な穀倉は収穫ごとに徴収する十分の一税で垂木まで埋まった。かれらはまた都市を支配し、市場や定期市から搾取し、さまざまな税金を課した。すでに取引の中心となり、主要な市場となったレ・アルで行なわれる売買のすべてから税金をとったのもその一例である。[15] こうして司教たちは土地と商取引の両方から直接に利益を得た。ノートルダム建設のための追加資金も、教区の財産の一部を売却して手っ取り早く調達できたろう。ともかくにも、教会はパリ全市の不動産の三分の二を所有していたのだから。

当時の出来事を日々記録して名を知られた修道士アンシャンによると、モーリス・ド・シュリーは「他人より自身の資金」[16]を用いたという。農家に生まれたシュリーに生まれつき財産があったわけではなく、司教として得られる収入をひとえに注意深く、抜け目なく運用することによって、建設事業の実現に必要な金額を調達したのだった。

シュリーのひたむきさと気前の良さの証は、新大聖堂の屋根に用いる鉛材の費用として千リーヴルもの巨額の寄付を記した遺書に見ることができる。[17] シュリーの後を継ぐふたりの司教も同じくとりわけ気前が良かったのも興味深い。ジャン・ド・パリとシモン・マティファス・ド・ビュシはともに、十四世紀初頭、建設作業の仕上げといくつかの再建工事を監督した。ジャン・ド・パリは一二七〇年に遺書を作成し、翼廊の最終工事の費用を賄うのに充分な資金を残し[18]、シモン・マティファス・ド・ビュシは一二九八年から一三〇四年にかけて、中心部に設ける三つの礼拝堂のために五千リーヴルを上回る額を投じた[19]。

寄付はさまざまな形をとりうる。たとえば他界してまもない故人を悼み、またときには寄進者自身のために行なわれるミサを司る神父を雇うための信託基金を設けてもよい。ルイ九世の侍従を務めたジャン・サラザンなどフランス国王に仕える富裕なブルジョワは、パリのあちこちの教会、そしてノートルダムに気前良く寄金を行なった[20]。聖堂内に礼拝堂が設けられるとパリのブルジョワたちは、礼拝堂ひとつについてひとり、三十六の礼拝堂の設立に出資したのにくわえ、個々の礼拝堂の建設費用の大半も負担した[21]。むろん寄付では建物自体の建設費用をすべて賄えない。それでも寄進が行なわれたのはたしかで、シュリーが説教のなかでかれらにしきりに促したように[22]、パリのブルジョワたちが献金したのはまちがいない――投資は地上の至福と同時に、あるいはより切実に死後の魂の平安を願うものであったろう。持続する経済発展からじつに大きな恩恵を授かったため、かれらは新たな大聖堂はもとより、パリの他の教会のためにも惜しげなく寄進を行なうことができた[23]。フランスの歴史家ジョルジュ・デュビーは「豊かな俗人は自らの魂を気にかけるがゆえに、つねに多額の寄進を行なった[24]」と記す。

貧窮民もまたノートルダムの建設に、必ずしも進んでとは言えないが辛苦に耐え、犠牲を払ってかなりの貢献をした。司教の領地で耕作する二千名の農奴は、教会が好きなときに課す人頭税を払わなければならなかった。一二一〇年から三一年にかけて、ということはノートルダムのファサード建設中に、農奴は五回、とはつまり四年半に一度、人頭税の支払いを強いられた。税の重さに驚いて、反体派の参事会員は目下の状況はまっとうな抵抗運動ではないかと恐れを抱き、農奴を以後二十年免税とするよう求めた。[25]理はかれらにあった。一二三三年、ランス市民はまたひとつ教会建設を目論む高位聖職者の課す重税に抗して立ち上がる。市民は力ずくでいったん工事を中止させ、石工と彫師を一時解雇させた。[26]

誰もが、とくに建設工事の担い手と石材の彫師たちは、こうした働き者の農夫たちの果たした大きな役割を充分に認めた。土を耕すのに使われる雄牛の姿は石に刻まれ、ラン大聖堂の双塔の頂きを飾り、季節によって変わる農作業の描写をすべての聖堂の柱頭に見ることができる。こうした形でかれらを讃えるのは、きわめて正当というほかない。なぜなら堂々たる建造物を、少しずつ作業を積み重ね、築きえたのはかれらの働きあってこそだからである。「職人のひとりひとり、農夫のひとりひとりが征服者であり、大聖堂自らがかれに讃辞を分け与えた[27]」。

それではルイ七世は、一一三七年から八〇年までフランス国王の座にあったルイ七世についてはどうだろう。ノートルダムの建設開始時に目立った貢献をしたのだろうか。じつはさほどでもない。パリがフランス王家にとって真に重要な意味をもつのは、ド・シュリー司教が一一六五年に洗礼を授けた息子のフィリップ二世（在位一一八〇―一二二三年）の治世になってからのこと。ルイ七世は新たな大聖堂よりもシトー会修道院への資金援助に関心があった。そしてフィリップ二世は、たとえシテ島の王宮から捗り具合を見守ることのできる実際の工事にさほど貢献しなくとも、セーヌ川の右岸と左岸に城壁を、そしてルーヴル城のような要塞を築き、自らの首都と王国の防御を固めるために巨額の資金を投じた。

フィリップ二世は、じつはノートルダム大聖堂の権力の象徴としての台頭に、建物が完成する以前からすでに大きな役割を果たした。まったく異例の措置として、国王は一一九〇年五月十二日の出産時に亡くなった王妃イザベル・ド・エノーの埋葬の地にノートルダムを選ぶ[28]。王妃の墓はウジェーヌ・ヴィオレ＝ル＝デュクの手がける修復作業のさなか、一八五八年二月十九日に発見された。イザベルのかたわらには当人の銀の印章が添えてあった[29]。パリに新しく建てられた大聖堂に、フランス国王が王妃を印章も割らずに埋葬するということ自体、前例がない。このときまで王家の愛顧をサン＝ドニ＝アン＝フランスと張り合う教会は存在しなかった。七世紀のダゴベルト一世以降、クロヴィスの後継者たちは埋葬の地としてサン＝ドニを選び、フランク王国を次々に統治した三王朝も死者をそこに埋葬しつづけた。カール・マルテル、ピピン短軀王、シャルル禿頭王もダゴベルト一世と息子たちのそば、ユーグ・カペーの近く、先祖、フランス各地の公爵、そして子孫の王たちと並んで王墓に安置されている。

それでも、ノートルダムは王家にとっての重要性を徐々に増してゆく。アンリ二世の息子、ブルターニュ公ジョフロワ、そして一二一八年にはルイ八世の息子、ブーローニュ伯フィリップを初めとする国王の息子たちがノートルダムに埋葬されるようになった。ルイ九世（在位一二二六―七〇年）がサン＝ドニとランスの大聖堂を優先して、王家の式典の舞台としてのノートルダムの台頭を一時滞らせはしたが、王の遺骸が十字軍遠征から帰還し、柩がその前で一息いれた一二七一年には、ノートルダムは無視できない存在と見なされた。ルイ九世の孫フィリップ四世（在位一二八五―一三一四年）は一二八五年の戴冠式を皮切りに、ノートルダムを国王と信仰の権威の象徴に選んだ。

＊

フランスの作家シルヴァン・テッソンは、「大聖堂には匿名が似合う。ファサードの土台に署名はなく、建立何周年を祝うこともない。作業にあたる職人は専門職の本分を果たした後、余所の建設工事に移ってゆく[30]」と記した。テッソンは一九九〇年代初めの青年期に高所、頂点に魅了され、夜間ノートルダムの塔によく昇ったという。

モーリス・ド・シュリー司教の指揮の下、ノートルダムの図面を引いた建築家の名が明らかになることはないだろう。かれがどこの出身で、シュリーのように農夫の息子か、あるいはルイ七世の縁者か、どのように建築を学んだか、それ以前に手がけた建物について知る術はない。わたしたちにできるのは、ノートルダムで成し遂げた偉業を手がかりにその建築家の真価を認めることだけ。とはいえ、たしかなことがひとつある。それはシュリーが新たな大聖堂に託す大望を理解し、実現できる建築家を選んだということ。ふたりが熱心に打ち合わせをし、議論し、そこから厖大な文書が生まれたであろうことは容易に想像がつく。たとえその文書が紛失し、現存しなくとも。[31] 縮尺模型、スケッチ、設計図、詳細図、立面図もあったろう。合意に至れば最終案から図面が引かれ、現場の工事にあたる石工の親方、仲間の彫師、石割り工、石切り工等々の職人に配布される。着工されてから数十年間、工事が効率よく捗ったところをみると、職人たちは明瞭、詳細な計画と指示に従ったにちがいない。現場では百人から少なくとも四百人の男たちが、週に六日作業にあたった。[32]

手抜かりは許されない。資金の手当に万全の自信を得たモーリス・ド・シュリーは、都市計画者の知恵を働かせ、パリの中心で小型の景観変革に乗り出した。新しい大聖堂はきわめて野心的な計画の中心的要素のひとつにすぎない。五世紀に遡る洗礼堂[33]とともに古くからある聖堂の改修を終えたところで、シュリーは何もないところから新たに大聖堂を作ることがじつは必要と判断を下す。サン＝ドニの教会堂とサンスの新聖堂がゴシック様式に建て直された今、古くさいロマネスクの伝統は過去のものとなった。若手建築家は新たな野心を胸に抱く。新技術を活かし交差リブのアーチ型天井を合理的に使用して、教会の内部空間を解放すること。かれらはまた聖堂に新たな、意味のある彫刻とステンドグラスの装飾を添えたいと願った。シュリーはパリを建築、典礼両面の革命のさなかに残して立ち去ることはできない。またパリの北にあるノワイヨン、サンリス、ラン等のはるかに小さな都市が、サン＝ドニやサンスに続いてこうした先駆的試みに着手したとも聞いた。事実、この新しいゴシック美術、あるいはのちに「フランスの美術」と呼ばれるものが進取の気性に富む高位の聖職者の間で熾烈な競争を引き起こす。誰もがゴシック様式の大聖堂を欲した。

言い伝えによると、教皇アレクサンデル三世が一一六三年四月、パリ訪問中にノートルダムの礎石を置いたとされる。ところが話の出所が十四世紀の年代記作者ジャン・ド・サン＝ヴィクトルとなると、この記述がなされたのは出来事の二百年後。一一六〇年十月十二日に司教に選ばれたモーリス・ド・シュリーが夢の計画に着手するのにそれほど長く待つとは考えにくい。建設工事は一一六一年の春に始まった可能性が高い[34]。

シテ島東部全体が巨大な建設現場となる。シュリーの目論見は教区内の暮らしと行政を新たな、見通しのよい景観の下に再編、合理化すること。この景観はフランス革命に至る六百年の間、その場にとどまる。

工事が続く間も大聖堂は礼拝のために門戸を開かなければならないと主張してシュリーが頑として譲らないため、建設作業にあたる職人たちは既存の古い聖堂を解体しながら、並行して新しい聖堂を少しずつ築かなければならなかった。数多い難題のひとつは、敷地面積五千五百平方メートルを有する新しい聖堂が、旧聖堂よりはるかに大きいこと。東側の正面では、事態は比較的容易に見えた。教区はシテ島東端の土地を所有していたから、既存の建物を壊し、工事に取りかかればよい。大聖堂の建設は、まさにこの部分に後端部の屋根組み、つまり後陣を組み上げるところから始まり、モン・サン＝ミシェルのロベール・ド・トリニー修道院長が一一七七年に訪問したときにはすでに仕上がっていた。修道院長は畏怖の念に打たれ、こう記す。「いつの日かこの偉大な建造物が完成した暁には、比較を絶するものとなろう」。五年後の一一八二年五月十九日、ローマ教皇特使アンリ・ド・シャトー＝マルケとシュリーが主祭壇を奉献した。ノートルダムの東側の部分はこれらアーチ型天井、ステンドグラスの窓、石に刻んだ装飾も含め、完成した。

ところが西側の正面となると、見通しはどう見ても相当に厄介だった。多数の住居を根こそぎ取り壊すには、シュリーに買い上げてもらわなければならない。家主のなかには扱いづらい者もあった。交渉は長引き、何年もかかりかねない。記録を見ると、夫婦一組にとくに手こずった。アンリ・リオネルと妻のペトロニーユは、所有する数軒の家をパリの他の地域にある二軒と地所一か所と交換することに同意した。ところが夫妻がしきりに金額をつり上げ、より大きな補償を求めた結果、取引を完了するまでに三十年を要した。そのたびに譲歩するのは教区側だった。[35]

シュリーはまた新しい聖堂の向きをほんの少し北寄りに変え、さらに思い切って建物の新しいファサードを東に四十メートル移動し、旧来の聖堂が建っていたところに大きな前庭を設けたいとも考えた。シュリーは大聖堂の前庭を卑俗な世界と神聖な世界をつなぐ空間と見なしたのだった。また大聖堂の未来の正門の真正面に、パリがかつて目にしたことのない東西に延びる幅六メートルの広々とした大通りを造る計画も暖める。巡礼者が遠くから教会を望み、磁石のように引きつけられるという仕掛けである。大通りにはヌーヴ通り（新道）の名がつく。中世パリの破壊者オースマン男爵でさえ、一八七〇年代のパリ改造にあたってシテ島から新道の記憶を完全に消し去ることはできなかった。今日でも前庭の石畳に残る黄金の印が、ヌーヴ通りがどこを通っていたかを物語る。

計画の実施にあたり、シュリーには八面六臂の奮闘が求められる。多くの戦線で同時に闘い、多くの任務を同時に遂行しなければならず、手始めに旧司教館を解体し、新聖堂の南側に新たな館を建てた。敷地は水浸しのため、堅牢な基礎を固めようとすると、石工は地面を九メートルの深さまで掘る必要があった。建設工事は一一六四年に始まり、数年後に新司教館が完成する。[36] シュリーは七世紀に建てられたオテル゠デュー（総合病院と貧者のホスピスを兼ねる）の解体と、はるかに規模の大きな施設の再建も命じる。そのためさらに多数の個人住宅を買い取り、取り壊さなければならなかった。建物は未来の前庭の南側に建てられる。寄宿舎、食堂、医務室、数か所の礼拝堂にくわえ自前の回廊と製パン所まで備えたオテル゠デューは、当時最大の規模を誇った。[37]

当初の四十年ほど建設工事が猛烈に捗ったところをみると、熟練した職人には不足しなかったらしい。パリの石工はフランス北部では有能なことで知られていた。そのうえ、梁用の材木などの資材も容易に入手できた。司教と参事会員が数多の森林を保有したからである。費用がかかるのは木材の乾燥と輸送に限られる。石材については、パリは上質の石灰岩の採掘場に囲まれていて、船に載せて川に浮かべれば、造作なく輸送できる。そのため、シテ島の尖端に仮設の港まで作られた。[38]

⁂

一一六〇年頃に描き上げられたノートルダムの当初の設計案は限りなく尊重されたにちがいない。というのも基本構造にはまったく変更を加えることなく、一世紀におよぶ建設工事を代替わりしながら取り仕切った三人の建築家によって最後まで遂行されたからである。今日のファサードは門扉から上部柱廊、そして双塔にいたるまで、設計原案のとおりである。元来の設計と異なるのは石材に刻んだ装飾のみで、これは十三世紀初頭、イメージの新たな思想が登場した時期に考案された。

さて、この謎に包まれた建築設計技師はいったい誰だったのだろう。作品を見れば少なくとも性格を知る手がかりは得られる。「野心的、高度な技能、明晰、沈着」[39]と中世史家アラン・エルランド＝ブランダンブールは推し量る。なぜなら、最初のきっかけはモーリス・ド・シュリー司教にあったとしても、初代の建築家には明らかにパリ市内にかつてない高さの建築物を創り出そうとする熱意と度胸があった。幅四十メートル、奥行き百二十三メートル、高さ三十三メートルに加えて六十九メートルに達する塔がふたつ。技量に優れたからこそ、かれは沼沢の多いシテ島の不安定な地盤など技術面の困難にも立ち向かうことができた。ゴシック建築の技術に習熟した建築家は、堂内の支柱を劇的に減らした。「何もない空間が混み合う空間に優ると建築が示しえたことは、これ以前に一度としてない」[40]。

十二世紀後半はフランス北部の建築家と聖堂建設に携わる人々にとって、刺激的な時代だった。精力的なシュジェール修道院長の指揮の下、サン＝ドニの聖堂の後陣が完成してまだ日が浅く、これがきわめて高い基準となった。フランス北東部のランの町も華麗な聖堂を建設中だった。パリのノートルダムの生みの親は、そうした手の込んだ装飾効果に背を向ける。堂内の空間をできるだけすっきりさせたい、いわば聖堂を片づけたいと思った。二重の回廊にはじつに優雅な蛇腹柱を選ぶ。それまでにないこの縦の線——垂直方向の広がりと均衡——が穏やかな気配を醸す。身廊の美しさは建築物の量感とその重なり、奥行き、そしてむろん見事に仕上げられた曲線の相関の賜物にほかならない。「シテ島に射す光線が剝き出しの白壁を滑り、飛梁を照らす様を想像してごらんなさい。一一八〇年頃にセーヌ川を船で下った人々が、気まぐれなパリの空を背景に堂々たる建物がすっくと立ち上がるのをにわかに目にしてどれほど衝撃を受けたか、想像してごらんなさい[41]」。

　モーリス・ド・シュリー司教の厳格で精力的な指導が続くなか、二人目の建築家が一一七七年頃にバトンを受け継ぎ、翼廊東壁の組み上げを設計者の図面どおりに監督した。この建築家が細部の工夫に示した優れた才能は、今日でも側面の窓間壁に木の葉の彫刻を施した精巧な装飾に見ることができる。石の性質をよく知ることが、支柱を強化し、より細くするのに大きく貢献した。翼廊の西を固める柱に建築家は「クリカール」を選ぶ。パリ産のこの石灰岩は荷重と湿気にきわめて強いことで知られる。中央身廊の柱にはバニュー産、イル＝ド＝フランスでは最も美しく、白く、固い石材を厳選した。この第二の建築家は前任者に負けず劣らず優秀ではあったが、シュリーの死後、一二〇〇年頃に三人目の後任に席を譲る。

　身廊の工事はファサードの建設に集中するため、中断された。三人目の建築家はまず未来のファサードの多様な支えの工事に着手する。控え壁、列柱、そして耐力壁を作り、それを身廊に接続する。建築家は三つの門扉上部、ユダヤの王の回廊までの一階部分の工事を終え、一二一〇年から二〇年頃に四人目の建築家と交代する。西の薔薇窓、双塔と石灰岩の透かし模様の螺旋階段の多くの部分に四人目の建築家の関与の跡が残されている。

十三世紀にノートルダムを完成させた建築家たちの名前は判明している。ジャン・ド・シャルとピエール・ド・モントルイユが翼廊の南北に薔薇窓のあるファサードを建てた。ノートルダムを手がけた建築家のひとりひとりが、たんに個別の問題を解決しようとしたり、あちこちの綻びを繕うだけではなく、全体として調和のとれた建物を創り上げようと努めた。それぞれがじつに慎重に事にあたったため、ときにはどこが誰の手によってなされたのか見分けがつきにくいほどである。

＊

さて、ここでしばし一歩退き、大聖堂そのものに目を向けよう。ノートルダムは十二世紀と十三世紀にフランスで建設の始まったゴシック様式の大聖堂のどれにも似ていない。ゴシックの要諦である光、空間、清澄さを大切にしながらも、贅を尽くしたサン＝ドニ大聖堂の豪勢さを拒む。静けさは厳しさにも通じる。輝かしくとも、それはシュジェール修道院長好みの貴重な宝石の華やかさよりも、空間各部の織りなす交響に発した。堂の内外を問わず、聖堂のそばに立てば、えも言われぬ調和とまとまりに心を打たれたにちがいない。それはおそらく十二世紀の終わりまでに大聖堂の建築術が論理学者の腕の見せ場になったからでもあるだろう。

大聖堂を手がけた建築家は理論上の公式を実地に移し、建築物の総体を抽象物として構想する能力を具えることを示した。事実、「建築科学の博士」を自称するかれらは、カトリック系の学校や大学で習う数字の科学に熟達した。「かれらが建設の責を負う建物のひとつひとつが、カトリックの教義の実演、教授陣の哲学と弁証法的思考過程の物質への書き換えにほかならない」[42]。

ところが素晴らしく器用で腕が立っても、建築家や石工はモーリス・ド・シュリーのような一部の高位聖職者集団の企図にしたがうほかなかった。ノートルダムはしたがって論理と神秘主義双方の成果である。静力学と動力学の問題が、神の神秘の解明の問題と同様にかれらを夢中にさせた。大工と聖職者がともに恩寵と真理の双方から霊感を受けたのも事実である。

ノートルダムは俗と聖の知を結び、それでいて厳かで麗らかな装飾と凜々しく堂々とした輪郭線を添わせて鑑賞者と来訪者に深い印象を刻む。

＊

細部のいくつかに近づいてよく見てみよう、たとえばファサード。右側のサン＝ドニのシュジェール修道院長の寄付により聖母に捧げられた門扉は、まもなく聖アンナに名を改める。聖母の母の盛名はこの頃まさに高まった。一二〇四年、ブロワ伯爵がコンスタンティノープルから聖母の母のものとされる聖遺物を持ち帰ると、聖アンナ信仰がヨーロッパに急速に広まる[43]。さらに木の葉、小鳥、小動物の模様を鋳鉄と錬鉄で象った扉の取り付け具と蝶番は、雅びで軽やかな傑作の名に恥じない。金工の技術はノートルダムの彫像を手がけた職人の多くに、とりわけ織物の優美な襞を表現する意欲を呼び起こしたように思われる。それはふくらみとくっきりした折り目を創り出し、劇的な光の対比を生むことに尽きる。聖人たちの身体、そして身体の動きは衣服の襞と起伏によってたちどころに伝わる。とくに聖ペテロと聖パウロの彫像では、彫師は長衣のふたつの襞の間に虚を残して、光の効果を引き出す。襞はナイフの刃のように鋭く彫られることもあれば、バラの花弁のように柔らかな丸みを帯びることもある。

ファサード左側の聖母の門扉には中世の図像表現としては初めて、パリ市民が最も敬慕し、ノートルダムが聖遺物を収蔵する聖人たちの頭頂から爪先まですべてを表わした彫像を見ることができる。ノートルダムが所有する聖遺物はじつに多岐にわたる。そこには聖ジュヌヴィエーヴの上腕と指骨の一部、聖ドニの頭頂骨、聖ステファノを打った石、聖母マリアの頭髪、それに洗礼者ヨハネの歯数本と聖アンドレの腕の骨も忘れてはならない。44 門扉を取り囲む石細工が星座に月ごとの農作業の情景を添えてもっぱら地上の日々の暮らしを描写するのに対し、中央の窓間壁では人生のさまざまな時代を四季になぞらえるのも興味深い。

最後の審判を全面に描いた中央門扉は脇の門扉より丈高く、幅も広く、そこに魂を測る大天使ミカエルとあけすけに誤魔化すサタンが登場する。愚かな乙女と賢い乙女の寓話が扉の縁取りを飾る一方、善と悪の描写が扉の下部を覆う。一八二三年に上梓した『ノートルダム・ド・パリの比類ない細部』の著者フランソワ・テオドール・ド・ジョリモンはこう記した。

郵 便 は が き

おそれいりますが切手をおはりください。

101-0052

東京都千代田区神田小川町3-24

白 水 社 行

購読申込書

■ご注文の書籍はご指定の書店にお届けします。なお，直送をご希望の場合は冊数に関係なく送料300円をご負担願います。

書　名	本体価格	部　数

★価格は税抜きです

(ふりがな)

お　名　前　　　　(Tel.　　　　)

ご　住　所　(〒　　　　)

ご指定書店名（必ずご記入ください）	取次	（この欄は小社で記入いたします）
Tel.		

『ノートルダム』について　(9834)

■その他小社出版物についてのご意見・ご感想もお書きください。

■あなたのコメントを広告やホームページ等で紹介してもよろしいですか？
1. はい（お名前は掲載しません。紹介させていただいた方には粗品を進呈します）　2. いいえ

ご住所	〒　電話（　）		
(ふりがな) お名前	（　歳） 1. 男　2. 女		
ご職業または学校名		お求めの書店名	

■この本を何でお知りになりましたか？
新聞広告（朝日・毎日・読売・日経・他〈　〉）
雑誌広告（雑誌名　）
書評（新聞または雑誌名　）　4.《白水社の本棚》を見て
店頭で見て　6. 白水社のホームページを見て　7. その他（　）

■お買い求めの動機は？
著者・翻訳者に関心があるので　2. タイトルに引かれて　3. 帯の文章を読んで
広告を見て　5. 装丁が良かったので　6. その他（　）

■出版案内ご入用の方はご希望のものに印をおつけください。
白水社ブックカタログ　2. 新書カタログ　3. 辞典・語学書カタログ
パブリッシャーズ・レビュー《白水社の本棚》（新刊案内／1・4・7・10月刊）

ご記入いただいた個人情報は、ご希望のあった目録などの送付、また今後の本作りの参考にさせていただく以外の目的で使用することはありません。なお書店を指定して書籍を注文された場合は、お名前・ご住所・お電話番号をご指定書店に連絡させていただきます。

地獄は巨大な龍によって表わされ、三叉槍を持つ小悪魔が煮えたぎる大釜となった龍の腹のなかから不心得者をまっさかさまに突き落とす。ところが奇妙な描写のなかでひときわ目立つのは欲望の悪魔であり、その表現の仕方のあまりの激しさに、見物人は面食らうほどである。かれらは本当にこれから祈りの場に入ろうとしているのだろうか。素朴な習俗のこの時代、こうした表現は首周りに黄金の男根を巻く至極貞潔なローマの貴婦人たちの敬虔なしきたりほどにも不謹慎ではなかった。[45]

十二世紀の彫像の作り手たちが欲望をどのように描写したかを見るには、ふたたび一般公開された折にノートルダムまで足を運ぶ必要がある。

サン＝ドニの聖堂が王家からの潤沢な寄付を受けて贅を凝らしたのに対し、パリのノートルダムは先見の明のある司教と献身的な参事会員、そして市民の力によって地表から立ち上がる。「数多の尖塔、切妻、尖頂が天空、夢の都市、都市景観を際立たせる神の都の理想像めがけて屹立する」ノートルダムはしたがって、まさに「市井の人々の誇りを一身に体現した」[46]。ノートルダムの双塔は誰にも分け隔てなく情けをかけ、市の城壁の内側で行なわれる商取引の安全を保証し、身廊は市民が雨に濡れずに集える市中唯一の場であった。礼拝の館の外に一歩出れば、どの都市でも狭隘な路地がもつれ、どぶに蓋はなく、豚舎と変わりなかったからである。

＊

破滅的な百年戦争（一三三七―一四五三年）がフランスの経験した最大、最長の持続的な繁栄の時代にまもなく終止符を打つだろう。ノートルダムも零落をまぬかれない。ステンドグラスの窓のいくつかは破損し、内陣仕切りと囲い、聖職者席の一部は破壊される。それでもノートルダムはやがて修復、再建されるだろう。数世紀にわたり無情な人々により虐げられ、苛まれても、ウジェーヌ・ヴィオレ＝ル＝デュクの手で十九世紀半ばにノートルダムは中世の壮麗な姿を取り戻すことになる。

3　一五九四年と一六三八年――ブルボン王朝

「パリはミサを捧げるに値する！」

「レ・カケ・ド・ラクーシェ」（諷刺雑誌）

ユグノー戦争（一五六二―九八年）の最終段階で、パリは聖杯にも譬えられる象徴となる。誰であれパリさえ征服すれば、フランス唯一の合法的支配者と見なされ、数十年におよぶ内戦に終止符を打てる。一五八九年八月一日にアンリ三世が暗殺されてのち、フランスは無政府状態に陥った。国内は二手に分かれ、戦闘を繰り広げる。一方のカトリック同盟は過激派と穏健派の双方を取りこみ、首都を支配下に置いた。他方はナバラ――少なくとも建前上はフランス――国王、プロテスタントのアンリ四世が同胞の支持を受けつつ、「国王派のカトリック」――パリ南方のシャルトルやボース地方に豊穣な農村地帯を所有した――とも結ぶ。両者の軍事力は拮抗し、ときに外国の軍隊の加勢を受けながらも、決め手を欠く。勝敗の行方が戦場で決する気配はなく、政治的、宗教的に決着をつけるほかなくなった。パリはこうして心理戦、宣伝合戦の中心地となる。浮動層を説得するばかりでなく、敵方の気持ちを揺さぶろうとして、熱心な情宣活動が始まる。

フランス人は昔からパリをキリスト教世界第二の首都と見なしてきた。したがって、プロテスタントの国王がパリの、ひいてはフランスの運命を握るなど言語道断とカトリック同盟は主張する。アンリ四世支持派はパリが「フランスのみならずヨーロッパ全土の目、栄光、名誉」[2]と認めるに吝かではなかったが、パリの名声が王国のそれと深く結びついていることも指摘した。アンリに対して城門を閉ざしたのは、したがって誤りである。それはパリの影響力と地位を貶めることにほかならない。カトリック同盟はここで戦略的にしくじる。カトリック同盟が一五九三年一月二十六日にパリで三部会を招集すると、アンリはさっそくこれに乗じて両陣営の穏健派と接触を図る。アンリは迅速な行動の必要性を熟知していた。同盟側がカトリックの国王を立て、ランスで戴冠させることも充分ありうるからである。アンリは支持層の「国王派のカトリック」にパリ西部のシュレンヌで穏健派のカトリック同盟と交渉に入るよう求める。その結果、一五九三年七月にアンリは正式に新教を棄てると宣言した。

この重大な報せをきっかけに国内全域から支持の波が盛り上がり、カトリック優勢の都市はアンリの周囲に結集する。パリが依然として抵抗をやめないため、アンリは一五九四年二月二十七日の戴冠式をシャルトルの大聖堂で行なうことにした。キリスト教の典礼にしたがい王位に就くことにより、人民の目に王の権力は一段と強化されたと映る。アンリはしかし、パリ市民に自らの心に偽りはないと納得させる必要を痛感していた。パリの支持抜きに、フランスの統治は叶わない。アンリは首都入城を計画する必要に迫られる。[3]

カトリック同盟の主力はすでにパリから撤退し、機は熟した。あとは頑強に抵抗するパリ市民をどうやって緩やかに手なずけるかだけだが、方法を誤ってはし損じる。一五九四年三月二十二日払暁、数千名の兵士を引き連れ、アンリは濃霧と小雨に乗じてパリのふたつの城門、テュイルリー庭園近くのヌーヴ門とサン゠ドニ門にしずしずと近づいた。跳ね橋を降ろすのに手間はかからない。首都の状況を調査するためにふたつの分遣隊がまず門をくぐり、一方はサン゠トノレ通りを、もう一方は河岸をルーヴル宮に向かって進む。スペインのカトリック兵と何か所かで揉み合ったものの、両部隊はシテ島の向かい、右岸のシャトレで首尾よく合流する。進路を妨げるものはない。アンリは騎乗して首都入城を果たした。

アンリは武装せず、だが甲冑の胸当てをつけ静かにシテ島目指して馬を進め、パリ市民が愛馬に近づくのも拒まない。近づきすぎて、鐙《あぶみ》に触れるひとも出た。数を増す一方の群衆に囲まれた王を、まもなく「国王万歳！」の叫びがパリの中心へ運んでゆく。ルーヴルに落ち着く前にまずそこに行かなければならないことはわかっていた。左に折れてヌーヴ通りに入ると、ノートルダムの鐘が鳴りはじめる。国王到着の報は参事会員と助祭長たちにも届き、国王を迎える準備は調った。

馬から降りるとき、アンリは二十二年前の一五七二年八月十八日、マルグリット・ド・ヴァロワとの婚礼の日を思い起こしただろうか。まさに今と同じノートルダムの前庭に立ちながら、アンリはプロテスタント、マルグリットはカトリックであったため、叔父のルーアン大司教は王家の婚礼の儀を堂外で司らなければならなかった。マルグリットが儀式を終えてノートルダムの堂内に入りミサに参列する間、アンリとユグノーの臣下は堂外に残り、花嫁を教会の前庭で待つことになった。六日後、新教徒を狙ったサン＝バルテルミの虐殺がパリ中心部で勃発するやたちまち国内の他の都市へ広がり、国中を震撼させる。それはまたアンリの結婚に永久の呪いをかけることとなり、婚姻はのちに解消される。宿命の日に続く血まみれの宗教戦争に巻きこまれ、多くのフランス人が非業の死を遂げた。

今回しかしアンリは、一五九四年三月の朝、兵士と群衆をしたがえてノートルダムの門をくぐった。内陣まで歩み、祭壇の前に跪くと国家の宥和のために祈りを捧げる。アンリが膝を屈し深い祈りに没頭する間、テ・デウムの演奏と合唱が身廊に満ちる。数千のパリ市民がかれらの国王とともに神の恵みと赦しを願い、さらに多くの者が鐘の音に気づき、大挙シテ島に押し寄せた。

入念に練り上げた計画にしたがい、アンリがノートルダムの堂内にいる間に、配下の兵士が通行人にビラを配った。前日サン＝ドニで印刷されたビラには、パリ市民に情け深く接しようとするアンリの意図が綴られている。アンリは復讐を狙わず、カトリック同盟を罰するつもりもない。ただ速やかに首都を離れるよう求めた。文盲のためには、要所すべてに配された町の触れ役が「恵みと赦し！」と叫び、報せを伝えた。依然としてパリにとどまるカトリック同盟に対しては特使が派遣され、直ちに退去するよう命じた。作戦全般、準備にぬかりはない。パリの住民は平和裡に征服され、ようやく国王との和解を果たす。カトリック同盟がランスなどフランス北部に大聖堂を有する都市を今しばらく支配しつづけたものの、アンリは自らの王朝、ブルボン朝を改宗したてのカトリック教徒も進んで受け入れるノートルダムと縁づける道を選んだ。

国王はこうしてふたたびパリに戻り、ルーヴル宮に暮らし、パリはふたたび権力の中心となる。国土のすべてを平定するにはさらに四年を要するが、一五九四年三月二十二日にアンリ四世は天下分け目の戦いに勝利を収める。その日、アンリはパリ市民の心を摑み、人々は「大アンリ」とかれを呼ぶ。以来この歴史的な日を記念するため、二世紀にわたり宗教行列が毎年ノートルダムを出発し、右岸のグラン＝ゾーギュスタン修道院まで行進して荘厳ミサを営むこととなる。偉大な王の栄誉を讃えることの祝賀行事は、恐怖政治のさなか一七九三年に廃止された。

＊

アンリ四世の息子、ルイ十三世はノートルダムとブルボン王朝、そしてフランスとの結びつきをいっそう強化する。ルイ十三世は大病から快復した一六三〇年秋以降、その方途を探ってきた。王は自ら誓約と呼ぶ文書の草稿をいくつか残している。一六三八年二月十日、ルイ十三世は正式に宣言を発して自らの意図をついに明らかにする。「我が身と王国をまず神に、続いてきわめて強力な聖母の帝国に捧げる。我が身と王国を神のご威光に捧げ、かれらに神のご加護のあらんことを信じ、世界と未来のために記念碑を建て、我が誓約の不変たることを証す」と記し、さらにこう書き添える。

このうえなく神聖、このうえなく光輝ある聖母を我らが王国の特別な守護者とすることにより、我々の身、国家、王冠、臣民を聖母に献ずることをここに宣言する。［…］パリのノートルダムの大祭壇を、十字架から降下されたかけがえのない息子を抱く聖母のお姿を添えて再建する。我らはその足下に王冠、王笏を捧げる姿をとり表わされるであろう。[4]

聖母被昇天の祝日の八月十五日がノートルダムを出発点とする特別の行列の日と定められ、関係機関すべてに参列要請がなされる。ルイ十三世の決断はフランスに聖母マリア信仰の強烈な高まりをもたらすにとどまらない。広く知られ、それまできわめて人気の高かった聖母マリアを讃えるためのシャルトル大聖堂への巡礼を、歴史の陰に追い落とすことにもなった。格別の出来事がルイ十三世の誓約に奇跡のオーラを添える。結婚後二十三年を経て、妻のアンヌが初めて出産した。それも男子、未来のルイ十四世、太陽王である。

ルイ十三世の思い描く記念碑は、父の誓約に賛意を表わそうと願う息子によって見事に実現される。彫刻家ニコラとギヨームのクストゥー兄弟が《ピエタ》ならびに聖母とキリストに王冠を献ずるルイ十三世の像の制作を委嘱される一方で、アントワーヌ・コワズヴォが跪くルイ十四世の像に取り組んだ。国王ふたりはピエタの両側に配置される。すべて揃うと、その印象はひときわ際立った。

中央の聖母マリアは両の腕をひろげ、顔は天を仰ぐ。母親の苦痛と神の思し召しへの完全な服従がこのうえない真実として、このうえなく荘厳に表現される。聖母は膝に息子の頭と十字架から降下された肉体の一部を載せ、支える。キリストの肉体の残りの部分は聖骸布の上に横たわる。青年の姿をしたひとりの天使が跪き、羽根をややひろげて救世主の手を握り、もうひとりは茨の王冠を痛そうに戴く。［…］大理石によるこの像の組み合わせはことのほか優雅である。［…］そして形と輪郭の美に芸術家は至高の気品と表現を添えた。[5]

ブルボン家はノートルダムにありとあらゆる美術品と贈り物を惜しみなく与えた。絵画がすべての礼拝堂の壁を、さらには柱まで覆えば、戦場で略奪した敵の軍旗と幟《のぼり》が身廊の上部回廊から細長く垂れ下がる。十五世紀の伝統行事「メ」（「五月」の意）が一六三〇年に再開される。毎年、パリの金銀細工師組合が最も前途有望な画家にノートルダムに飾る巨大な絵画（四メートル×三メートル）の制作を委嘱し、それを五月一日の典礼の最中に献呈した。その年の「メ」は聖母像の隣に展示される。この伝統は一七〇七年まで継続され、その結果選出された七十六点の「メ」は堂内のスペースが尽きたため、国内各地の美術館に向けて送り出された。ノートルダムはしたがってフランス初の非公式美術館となり、市民が無料で美術を鑑賞できる最初の場所ともなった。

そのときから、ノートルダムは王家の式典の場としてサン＝ドニとランスのいずれの大聖堂をも凌駕する。ノートルダムは国家行事の要所となり、怪しげな式次第にまぎれて宗教の影が薄れ政治が幅を利かせれば、そのほとんどは権威の座にあるものを利する結果となった。

4　一七八九年──理性、最高存在、そしてワイン

「授任式は宗教的であるべきであったのに、ほぼすべて軍隊式だった」

一七八九年七月十四日のバスティーユ襲撃は、一大事としてフランス人のＤＮＡに、全世界の想像力に刻印された。ところがその翌日の七月十五日はどうだろう。前日、古い牢獄に殺到し、囚人を解放し、守備兵を殺害したパリ市民が、この日はノートルダムに集い、勝利のテ・デウムで祝ったことを今でも覚えているひとはほとんどいない。パリ市長に選ばれたばかりの天文学者、フランス初の国民議会の議長も務めたジャン＝シルヴァン・バイイに先導され、パリ市民は革命の成就とアンシャン・レジームの終わりの始まりに感謝してノートルダムに集い、祈りを捧げた。そうすることにより市民は以前にも増して、またひょっとするといくぶん逆説的に、ノートルダムを地上と天上にともにある人民の宮殿と定めた。実際には、国家の一大事に際しテ・デウムを捧げる宮中の伝統にしたがいながら、その象徴性を一新した。ノートルダムは過去と現在を結ぶ架け橋、革命の明るい未来を望む窓を授けるように思われた。

革命の続く間、ノートルダムはフランス人の想像力を虜にした。あらゆる毛色の革命派が、ノート

ルダムのもつオーラにあやかろうと力の限りを尽くした。それがおそらく、まさかそんなことはとお思いかもしれないが、ノートルダムが革命時代に一度も門扉を閉ざさなかったとおぼしい理由のようである。[1]

アンシャン・レジーム末期の数十年間、事実上ノートルダムは革命談義の象徴となった。それというのもパリ市内で国王がまれに人民の前にかたじけないお姿を現わされるのは、ノートルダムただ一か所に限られたからである。パリ市民は国王が首都を空けることに、次第に反感を抱くようになる。ヴァロワ朝（一三二八—一五八九年）の統治下にあった中世に人民は俗権と教権、つまり国王と聖職者が手近なシテ島と右岸のルーヴル宮に在るのを当然と感じた。ところがこのところブルボン家はパリと市民をおろそかにして、ヴェルサイユに暮らすのを好んだ。

ルイ十四世は一六八二年に宮廷と政府のいずれもヴェルサイユに設けた。貴族と政府をともに掌握し、訪問客をヴェルサイユ宮の絢爛豪華さで眩惑しようというのである。しかしルーヴル宮から去ったのは戦略的な失策であり、四代のちの子孫、ルイ十六世が一世紀後に高いつけを払わされることになる。自らの行動が招いた反感などおかまいなし、ルイ十六世はパリの地をほとんど踏もうとさえしない。そうすることがあっても、たいがいはノートルダムの特別ミサに参列するためで、百名のスイス衛兵からなる私的な随員がぴたりと傍について離れず、内陣にまで付き従うので、誰にもその姿を拝むことは叶わなかった。これまた失策。そしてすぐさまヴェルサイユ宮に向けて出発し、パリの王宮と人民を置き去りにした。[2] この振る舞いは次第に恩着せがましく、ひとを蔑ろにすると受けとめられるようになり、燻る不満をいっそう煽ることになった。

バスティーユ襲撃からひと月も経たないうちに、またひとつフランスに激震が走る。一七八九年八月四日の夜、国民議会が高揚感に酔う数時間を経て、封建的諸権利と教会、貴族の多くの特権を廃止し、隷属関係に終止符を打つとともに、課税の平等を制定した。町、県、職業組合、都市もまた特権を放棄する。するとパリは事の重みを示そうとして、ふたたびノートルダムに頼る。歴史的な票決からわずか数時間後、ノートルダムでテ・デウムとともに歓びと感謝が捧げられた。革命派は自らの手柄とノートルダムをきわめて政治的な手管で緊密に結び、自らの大義に場のもつ超越性を取り戻させようと願う。たしかにノートルダムで儀式を行なえば政治的な出来事に指導者たちが、自分自身のためにも、またフランス全土、そしてヨーロッパの他国に誇示するためにも、喉から手が出るほど欲しい正当性が賦与される。近隣の王国はフランス政治の成り行きに愕然としており、安堵させる必要があった。ノートルダムの長い歴史がひとしきり息抜きを提供したのだった。

フランス初の国民議会に集う千二百名の議員は特権の廃止から八月二十六日の人権宣言を採択する新憲法の冒頭条項の票決まで、短期間のうちに成し遂げたことに勇気づけられはしたものの、国王と議会内の頑迷な保守派による遅延戦術に苛立った。

革命派の多くは、国王を人民と現実により近づけるためにパリに戻すことが不可欠と考えた。これは一七八九年十月五日と六日のうちに実現し、運命の分かれ目となる。十月五日午前七時、数千人のパリ市民、その多くは女たちが市庁舎前に集まった。群衆の要求は国王による新憲法の冒頭条項の裁可やパンの供給を増やすことから、王家の住まいをパリへ戻すこと、スイス近衛兵をラファイエット侯爵指揮下の国民衛兵と交代させること、三色の花形帽章の着用義務化まで多岐にわたる。

二万名の国民衛兵に伴われ、まもなく女たちは国王と直談判するためヴェルサイユに向かった。怯えたルイ十六世は群衆の要求を受け入れるが、一点だけは譲ろうとしない。それは国王一家のパリへの引っ越し。よく考える時間が必要と国王は答えた。決断は遅きに失する。明け方、痺れを切らし怒った群衆は、一晩を陽気に飲み明かした後、実力行使に転じる。群衆はスイス近衛兵二名を殺害するとマリー＝アントワネットの私室に侵入し、王妃はナイトガウン姿でルイ十六世の寝室に駆け込む。ここで万事休す。血の気の失せた顔でルイ十六世は同意した。群衆と国民衛兵は大慌てで着替えた国王夫妻と子供たちに「付き添い」、王家の住まいと定めたテュイルリー宮に送り届ける。国王一家は二度とヴェルサイユ宮殿を目にすることはない。

国王の行くところ、政府もしたがう。ルイ十六世がパリに移った今、国民議会も首都に移動する。さて議員たちが第一回の議会を開く場所として選んだのはどこであったか？　ノートルダムの司教館、十二世紀にモーリス・ド・シュリーの建てた司教館である。場所が奇妙にも次の動きを後押しすることになったか？　おそらく、そうだろう。数日後、ほかならぬ大司教の住まいで、国民議会は教会の全財産を国有化する決定を下した。その代わり、国家は聖職者に俸給を支払い、教会が運営する巡礼者向け宿泊所と病院経営に資金を提供すると約束した。革命初期に味方についた多くの貧しい聖職者にとって受け入れやすいように、神父にはそれまで教会から受け取っていた額のほぼ二倍に相当する年額千二百リーヴルもの俸給を支払うことにも合意した。

　実情はというと、税収が落ちこみ懐の寂しい国家は甚だしい手許資金不足に陥り、国庫を満たす必要に迫られた。教会財産の売却——人民への売却——は財政的に必須であると同時に、人民の支持を得やすい選択だった。議会がそうした重要案件をノートルダムの司教館で論議し、採決する道を選んだことは、幾分の厚かましさとともに、彼らが神意と神の裁きはともに彼ら、すなわち人民の味方であると心の底から信じていたことの表われでもあるだろう。

　その後の数か月には暮らしのあらゆる側面、とりわけ宗教に関わる諸々に対する同様の国家介入に勢いがつく。ベネディクト派等の修道会、さらに基本的に有用性なし（とはつまり、儀式や聖餐式を行なわない、あるいは教育・医療を提供しない）と見なされたすべての宗教団体は、一七九〇年二月十三日の法令によって解散させられた。さらに一歩進めて、国民議会は一七九〇年七月十二日に聖職者民事基本法を設けて、教会そのものをいわば国有化することに決した。これは国家の権限下に新たな行財政の仕組みを作り、フランス・カトリック教会を再編成しようという単純かつ、かなり杓子定規な目論見といえる。これにより、たとえば司教の数は百三十五名から八十三名に減り、各教区は新たに設けられるフランスの地方行政の区分に対応する。司教と神父は教区民により選任され、新たに選ばれた聖職者は憲法と国家への忠誠宣誓を行なう。これを拒めば地位を失う。多くの司教がこれに抗い、したがって無法者と見なされた。ルイ十六世は法律に反対しながらも、恐怖に駆られ結局、署名した。

憲法に則って選任された神父らによる初めてのミサが一七九一年一月十六日にノートルダムで上げられた後、大聖堂の身廊は巨大な投票所に模様替えされ、パリ市民はそこで憲法に忠誠を誓うことを拒んだ神父全員に代わる新たな神父を選べることになった。手続きのすべてを終えるのに六回の投票を要し、投票に先立って必ずミサがあり、憲法によりパリ大司教に任じられたジャン＝バティスト＝ジョゼフ・ゴベルがようやく三月二十七日に、ノートルダムで職を同じくする者たちの聖職授任式を挙げることができた。目撃した人々は式の調子に啞然とした。「授任式は宗教的であるべきであったのに、ほぼすべて軍隊式だった。むやみとたくさんの太鼓に国民衛兵の連隊がまるごと行列に加わり、位の高い聖職者は数えるほどしかいない」[3]。実際には、それほど意外でもなかった。前日、ローマ教皇はフランスの革命政権との一切の外交関係を断ち切った。教皇ピウス六世は革命開始時から沈黙を守ってきたが、ついに聖職者民事基本法を異端、分派的、神聖冒瀆と見なし、強く非難したのだった。

これは、フランスの多くの司教、神父が聖職者民事基本法に抵抗する状況下で、人民の敵と目される頑迷な聖職者と憲法を受け入れる聖職者の共存する宗教的分裂状態を作り出しただけでなく、国民公会の宗教そのものに対する疑念を深めることになった。革命がいよいよ過激化するにつれ、カトリック信仰と実践に対する革命の姿勢も同じく過激化した。

一七九二年夏が転換点となる。家族を連れて国外に脱出しようとしたルイ十六世が逮捕されると直ちに革命裁判所が設けられ、カルーゼル広場（現在ルーヴル美術館前のピラミッドが建つところ）に断頭台が姿を現わす。九月二十一日君主制は廃止され、第一共和政が宣言された。国王の裁判と処刑まで、残すところあと数か月。

国境侵害に抗おうと、ほぼすべての専制君主国家が生まれたての共和国打倒を標榜するなか、フランス議会は一七九三年二月二十四日に三十万人の大量徴兵を命じる。国内には、別の前線での戦闘もあった。ヴァンデ地方に発する反革命の動きである。内戦にくわえ敵対する強力な近隣諸国とも戦うフランス議会には異議にかかずらう時間の余裕はなく、あらゆる反対を抑えるため恐怖政治を敷く。頑迷な聖職者も人民の敵なら、目を惹く宗教や国王の象徴も同様である。

恐怖政治はノートルダムも容赦はしない。まずすべての鐘、そして十字架や聖書台など青銅製の美術品を溶かして大砲をつくるように命令が発せられ、続いて礼拝堂の鉛の棺も同じ運命をたどり、溶かされ弾丸になった。三月十八日、現在のベルギーに当たる戦場でフランスが決定的な敗北を喫した後、双塔の一部は黒い覆いで包まれ国喪に服す。革命派はノートルダムを緩やかに自らのイメージに合わせて作り替える。十月二十三日、古代ユダヤとイスラエル王国の王二十八体の彫像がフランス代々の国王と取り違えられ、ファサード前で断頭刑に処すとの布告がなされる。彫像は次々に石工の手で頭部を刎ねられた。その後まもなく十五世紀に建てられた尖塔も取り壊されたが、こちらは技術的な問題を抱えていた。すでにあまりに脆く、いつ倒れてもおかしくない状態にあった。ノートルダムの外観が作り変えられようとしていたのはまちがいない。しかし舞台裏では少数ながら善意の人々が、ノートルダムをそれ以上の破壊から守ろうと努めていた。

以前からノートルダムに勤め、便宜上憲法に忠誠を誓った神父のなかには、目立たぬように気を配り、ノートルダムがなんとか革命の嵐を乗り切れるよう心を砕く者が少なくない。オルガン奏者が役人とサン＝キュロットの双方を歓ばせようとのべつ革命歌を演奏するのを尻目にかけ、他の面々は遺物や彫像をこっそり運び出した。たとえば大理石の巨大な彫像数体からなる《ルイ十三世の誓願》が内陣から姿を消した。これを取り計らったのは独学で考古学と中世学を修めた二十八歳のアレクサンドル・ルノワール。かれは初代パリ市長ジャン＝シルヴァン・バイイ、ついで国民議会を説得し、没収した美術品を安全に保管するため一か所に集めることを認めさせた。保管場所には旧プティ・ゾーギュスタン修道院などは如何。革命派はルノワールの提案を支える合理性と集中化の論理が気に入り、これに同意した。ところがルノワールがありとあらゆる機会を捉えて盗人から美術品を取り戻し、略奪者の手口を見越し、美術品が盗まれたり破壊されたりする前に安全な場所に移したことには気づかない。恐怖政治が去った一七九五年、ルノワールはついにフランス文化遺産博物館を開館した。博物館はこうして救われた美術品で埋めつくされ、ルーヴルに次いで二番目の国立美術館となった。

一七九三年十一月七日、パリ大司教ジャン＝バティスト＝ジョゼフ・ゴベルがノートルダムの司教館で逮捕される。これはフランスの宗教にとって芳しくない兆候だった。憲法に忠誠を誓ったグループにとってもそうである。事実、三日後にはカトリック信仰が廃止、禁止された。フランスで公認された宗教はいまやただひとつ。それは理性の信仰である。パリの他の教会は閉鎖されたが、ノートルダムの門扉は開かれたまま、そして直ちに新たな神に捧げられる。そして「理性の殿堂」の名がついた。翌日、フランス議会は「隷属の偏見と狂信から解放された」理性を称える祭典の執行を票決。布告は「国民衛兵の楽隊が、かつて聖母像のあった場所に建てられた自由の女神像の前で愛国歌を歌う」[4]と定めた。祭典は十一月十二日、あるいは革命暦二年ブリュメール（霧月）二十二日に予定される。理性を崇拝する者には、身廊と内陣を飾るのに二日の余裕があった。

実際その場に居合わせた者にとって、それはまちがいなく「奇妙な祭典だった」[5]。身廊には草に覆われた山、あるいは岬のようなものが築かれた。その頂きに小さなゴシック寺院があり、台座に載った思想家たちの胸像が厳かに会衆の頭上にそびえ立つ。寺院の柱頭に刻まれたのは「啓蒙思想に捧ぐ」の文字。「山」の脇には本物の巨石が置かれ、それが円形の祭壇の土台となり、祭壇には松明——真理の松明——が燃えている。合図を受けて樫の枝の花冠を被った白いドレス姿の十代の娘たちが各々松明を手に二人一組で山を降り始める。中央門扉がいきなり開くと、理性を象徴する「美しい娼婦」が入場し、聖歌隊席に向かって進むが、そこはすでに芝生に変わっている。女はそこに座り、音楽が奏される。理性を称える聖歌が終わると、女は山に登ってゴシック寺院に至り、振り向いて会衆に微笑みかける。それが祭典の終了を告げる合図。のちにこの出来事を伝えた多くの人々の心に浮かんだのは「滑稽」、「奇怪」、「馬鹿げた」、「不快」、「身の毛もよだつ」、「罰当たり」などの言葉だった[6]。宗教の世俗化が容易だったためしはなく、フランスの共和派にとってもそれは同じことだった。

これと似通った奇妙な儀式や出来事が数週間、数か月間続いた。たとえば、ノートルダムは判事が道徳を論ずる集いを催す講堂にも用いられ、国会議員は通過したすべての法律をノートルダムに集う市民の前で読み上げた。注目すべき出来事があれば、特別に儀式を行なう。たとえば一七九四年二月に行なわれた奴隷制の廃止を祝す式典などがそれにあたる。しかし理性崇拝はやがて新たな「信仰」によって一掃される。ロベスピエールとかれの「最高存在」である。

恐怖政治がきわまったころ、一七九四年五月にノートルダムはまたしても奉献先を変更され、今回は「最高存在と霊魂不滅」信仰に捧げられる。その後まもなく、最高存在を称える祭典が行なわれる一方で、ノートルダムの他の部分は革命を逃れて他国に去った多くの貴族から没収したワインを保管する倉庫に転用された。一七九四年、一七九五年には千五百樽がノートルダムの脇の礼拝堂に運び込まれたとされる。[7] 礼拝堂にはワイン貯蔵に理想的な条件が揃っていた。

ロベスピエールもついには自らが拵えた怪物の犠牲となり、一七九四年七月二十八日にコンコルド広場の断頭台の露と消える。恐怖政治は尻すぼみになり、一年後の一七九五年八月十五日、ノートルダムは国家の厳格な監督下とはいえ、ようやくカトリック信仰に復帰する。ナポレオンはすぐさまカトリック信仰に関わる国内宥和が不可欠と察しをつける。一八〇一年、ナポレオンは抜け目なく教皇ピウス七世と協定を結んだ。そして、かれに先立つ、またかれの後に続くすべてのフランスの指導者と同じく、ノートルダムを壮麗な舞台として利用することになる。

「皇帝万歳！」

5 一八〇四年——ナポレオンの戴冠式

「我々は革命の筋書きの結末に至った。今は歴史を開始する時。現実的、実際的になり、革命の原理を実行に移さなければならない。哲学論議に耽るのではなく、統治しなければならない」。一七九九年十一月九日、新たに採用された革命暦の下、ブリュメール十八日のクーデターとして知られる日の翌日、三十歳のナポレオン・ボナパルトは国務院でこう演説した。

巧みな無血クーデターにより総裁政府（一七九五年以降フランスを統治した総裁五名からなる行政府）を倒していまやフランスの第一執政となったナポレオン・ボナパルトは、フランス統領政府の新憲法を公式に発布する。「市民諸君、革命はそれを始めることになった諸原則の上に確立された。したがって革命は終わった」。代議制、平等、自由、私有財産権の原則に基づく新憲法は、新体制の視点からすると安定した政府によってのみ保証されうる。

年若い第一統領は自らが直面する喫緊の課題のひとつが、十年来くすぶる宗教的危機であると承知していた。当時のカトリック教国として最も栄えたフランスは、教皇との関係に決着をつけなければならない。誰にとってもそれが望ましい。ナポレオンにはまた教会と政治的に連携する必要もあったが、それは宗教と君主制の分離を認めるものでなければならない。フランス人は今もカトリック信仰に帰依するかもしれないが、アンシャン・レジームを決定的に廃止した。教会もこれを容認せねばならず、教育と社会秩序の維持については、フランス国家の支配者に権限のあることも承認しなければならない。

一八〇〇年三月に新教皇が選出されたことも、有利に働いた。ピウス七世は教会の統一を回復したいと考え、そうなればフランスが必然的に重要な役割を担う。フランス革命は教会にとって精神的な痛手となった。第一に教会財産をすべて失い、続いて抵抗しようにもなすすべはなく、フランス政府が任命する聖職者の誕生を手をこまねいて見るしかなかった。一七九四年に国家が世俗化されると、カトリック信仰の実践は人々の家庭内に厳しく限定される。ピウス七世の望みは「フランスによる分裂」と見なすものに終止符が打たれ、フランス国内のどこの教会でもカトリックの礼拝が自由に行なえるようになることだった。

一八〇〇年六月十四日、今回はピエモンテ地方のマレンゴで戦勝をさらにひとつ重ねて、ナポレオンは教皇に宥和を求める意志を伝える。教皇特使との交渉は十一月にパリで本格化する。八か月かけて二十一項目の課題が検討、議論された。教会財産に関する問題はあっさり解決する。教会は用益権と国家による聖職者への俸給の支払いを見返りに、国有化を了承した。しかし教皇はカトリック信仰をフランスの国教と宣言し、聖職者をローマが選任する点については頑として譲ろうとしない。ナポレオンはきっぱりこれを断り、国全体を新教に改宗させ、教皇の息がかかった国を侵略すると恫喝した。交渉は完全に行き詰まる。

とはいえ、ナポレオンにもそろそろ宗教をフランス国民に返してやる潮時なのはわかっていた。国民は日々の礼拝と伝統を懐かしがっている。一八〇一年六月二十一日、嘆願書がパリに回覧され、シテ島の住民のほぼ全員が署名した。住民は大鐘エマニュエルをふたたび鳴らすよう要求する。パリ市民はノートルダムの鐘が聞けなくて淋しい思いをしており、たとえそれが政府の決定した公式行事の告知のためであっても、教会の鐘がふたたび鳴ってくれさえすればよい。[1]

さらに多くの外交官が交渉のテーブルを囲み、もっぱら字句の調整に励んだ。教皇がようやくカトリック信仰をフランスの国教と宣言はせず、ただ「フランス国民の最大多数の宗教」とする案に同意する。しかし教皇は宗教行事が公共の場で自由に行なわれることを欲した。ナポレオンの兄ジョゼフが第一統領を宥める文言を見いだす。「カトリックの礼拝は警察の規定を遵守し、公共の秩序を乱すべからず」。七月十五日深夜、コンコルダ（政教条約）の名で知られる合意書に両者が署名した。

教皇勅書は直ちに発せられたものの、第一執政が批准するのに八週間、さらにフランス議会が票決して立法化するのに七か月を要する。一八〇二年四月八日にようやくフランス立法府により採択された（賛成二百二十八、反対二十一）条文には七十七の新条項が加わり、修正も夥しい。これらは無宗教の議員により追加されたものである。手短かに言うと、条約によりフランスの教会は国家の教会となり、可能なかぎりローマの権威の影響を避け、俗権の厳格な支配下に置かれる。条約によれば教皇は決して無謬ではなく、国の伝統を尊重せねばならず、国家元首を退位させることはできず、カトリック教徒に国家の法と義務への反抗を呼びかけることもできない。ガリカニスム[2]はこうしてこっそり戻ってきた。

教皇は憤懣やる方ないが、フランス人は大好きな宗教行事の習慣、伝統の燈火にふたたび灯がともって幸せ一杯。そしてナポレオンはぜひこれをひけらかそうと考える。数日後、一八〇二年四月十八日、復活祭の日曜日に第一統領、立法府の議員全員、元老院議員、裁判官、パリ市当局の各部局がノートルダムで教皇特使ジョヴァンニ・バティスタ・カプララの主宰する壮麗な祝賀のミサに参列した。準備を調えてミサを執り行なうのには数週間を要する。ノートルダムは「嘆かわしい状態[3]」に陥り、崩れかかったところ、手入れの行き届かない部分を隠すために、多くの装飾が必要となる。「身廊はゴブランの製造所から取り寄せた巨大なタピスリーで手当てされ、ルーヴルからは絵画が運びこまれた[4]」。束桿を四方にあしらった第一総統の玉座は黄金の天蓋の下に据えられる。ナポレオンの席は大司教と正対する。飾り気のない祭壇に高さ各三・六メートルの六本の銀の十字架が立つ。この日のために身廊と内陣の間に設えられた講壇の上にナポレオン一族が着席する。「第一統領の母親の席からは厳かにこの場に集う五人の息子全員が見渡せる。母親は息子らを彼女に授けた神と息子らの間の取り持ちにも見えた[5]」。

教皇特使は読誦ミサを主宰し、福音書の朗読の後、大司教六名と司教十名はひとりずつ名を呼ばれ、前に進み出て第一統領ナポレオンに忠誠を誓った。これが何を象徴するかは火を見るよりも明らか。

ナポレオンがカトリック信仰にフランスの核心への復帰を許したとすれば、信仰は俗権、すなわちナポレオンの指揮下に置かれることになる。司教の最後のひとりがナポレオンに向かって頭を垂れると、内陣両側の一段高い演壇席で各々百五十人編成のオーケストラ二組がテ・デウムの演奏を始める。いずれも時代を代表するフランスの作曲家エティエンヌ・メユールとイタリアの作曲家ルイジ・ケルビーニが、それぞれオーケストラを指揮した。テ・デウムが身廊に響き渡り、政教条約の締結とフランスでのカトリック信仰の復活を称える様をノートルダムの鐘撞き係ジルベールが上部柱廊から見守る。ジルベールは回顧録にこの日の出来事をこう記す。「フランスはついにヨーロッパと、ヨーロッパは自らと和解した」[6]。ナポレオンはというと、現実主義者の本領を遺憾なく発揮して、二日後に「鏡を宗教画かタピスリーで覆い」[7]、洗面所を自分専用の礼拝堂に衣替えするように命じた。

＊

その後の二年間は陰謀渦巻く時代だった。ナポレオンはイギリス侵略を目指し、イギリスはナポレオンの暗殺を目論む。ナポレオンが将軍たちに宛てた手紙に「イギリスの軍事遠征」と記した作戦の規模はとめどなくふくらんだ。絶頂期のフランス艦隊は大小とりまぜて一千八百三十一艘、人員十六万七千名を数えた。侵略軍の駐屯地がブーローニュならびにノルマンディー地方全域に設けられるとナポレオンは定期的に視察し、要塞から衛生施設、ワインの備蓄まで漏らさず調べてまわる。部下の兵士たちに交じり、話しかけるのが好きで、兵士の待遇を良くしようと心がけた。ナポレオンは「英国侵攻には三十万パイントのブランデーが必要」[8]と見積もった。

フランスの主だった海軍将官はことごとくイギリス遠征に反対を唱えた。ナポレオンが一八〇三年十一月の手紙に記したように、フランスが「復讐すべき六世紀分の侮辱」[9]を受けていたとしても、それまでのあらゆる試みは失敗か断念に終わった。ルイ十四世は一六九二年、ルイ十六世は一七七九年、ナポレオン自身も一七九七年に可能性を探ったことがある。十万かそこらのフランス兵では、そうした侵略に備えて南部のあらゆる町に駐屯地を設け、狼煙、食糧を備蓄し、ロンドン南部に防御用胸壁を巡らせて待ちかまえる一千七百万のイギリス人を征服するのは到底おぼつかない。

イギリスは別の方法でも備えを固めた。パリに刺客を差し向けたのである。暗殺計画は未然に挫かれる。ナポレオンは刺客には慣れっこで、ジョゼフ・フーシェ率いるきわめて有能な秘密警察に頼れば、その類の攻撃の機先を制するのは難しくない。とはいえ今回の刺客は、第一統領をことのほか立腹させた。ルイ十三世の直系の子孫で、ヴァルミーの戦いで亡命貴族による反革命軍を率いたコンデ公の孫にあたるアンギャン公爵も策謀に一枚嚙んでいるとの噂にナポレオンは激しく憤る。そろそろブルボン家の連中に、ナポレオンの血統はかれらのそれに引けをとらないと思い知らせてやる頃合いだ。公爵はそれまで住んでいたバーデン選帝侯国エッテンハイムから素早く誘拐され、パリ東部ヴァンセンヌに連行される。押収された所持書類を見ると、ナポレオン亡き世の到来を願ったのは明らかで、ロンドンから多額の資金を受け取ったこと、フランスに対抗するイギリス軍とオーストリア軍に参戦を申し出たことも判明したが、第一統領暗殺計画に関与した兆候は見られない。それでも、これだけあれば充分だった。軍法会議が公爵を反逆罪で裁くのに充分な証拠となる。公爵は自白し、その晩に処刑された。成り行きを注視していた人々にとって、公爵の死は悲劇的な過ちであり、ヨーロッパ全土のリベラル派はこれを境にナポレオンに対する見方を変える。「犯罪より拙い。大失策」とフーシェは言った。

フランスの元老院は、今後の策謀家の希望を根絶やしにするには「これまでとは異なる政体」が必要かもしれないと考えはじめる。言い換えると、革命の遺産を維持し、国家の安定を保証するには、ある種の世襲的な統治が必要と判断した。世論を政体の変更に馴染ませようと、国家ぐるみの運動が開始される。しかし、それはどのような政体になるのか。ナポレオンを国王とする君主制は論外。国務院の意見は帝国と皇帝でまとまる。これ以上は譲れない。ブルボン家の希望には完全に終止符を打たねばならないとナポレオンは共和国の将軍たちに説明する。これに反対するかもしれないフランス人に対しては、国民投票で反対の一票を投じる機会を約束した[10]。

一八〇四年五月十八日、小ピットがロシア、オーストリアの支援を得て、フランスに対抗する三度目の同盟の構築を目指しイギリス首相に復帰してから八日後、ナポレオンは「神の恩寵と共和国憲法の定めにより」正式にフランス人民の皇帝と布告される。サン゠クルーで行なわれた式典は十五分で終わる。ナポレオンはさまざまな政治家一族、ジャコバン派、共和派を代表する帝国の元帥十四名を任命する。貴族二名を除くと、労働者階級の出身者が多く、樽職人、農民、革なめし業者、醸造家、宿屋の主人、召使いの息子たちが並び、ナポレオンの帝国の能力主義的性格はここにも表われている。ナポレオンはかれらに宛てた手紙のなかで、全員を「我が従兄弟」と呼んだ。ナポレオンはフランス史上、類例を見ない共益関係を一身に体現し、普通なら対立する勢力の間に和解をもたらしたのである。

＊

教皇との和解を、少なくとも公的には果たしたナポレオンには、自らと皇后ジョゼフィーヌの戴冠式の司宰を教皇に依頼することが可能になった。ピウス七世に送った招待状に、ナポレオンは会場を具体的に記していない。実際のところ、まだ決めていなかった。

ローマ教皇猊下、我が国にふたたびキリスト教信仰を回復させた後、徳義と我が人民の品性に訪れた幸福に鑑み、猊下をお招きして我が運命と我らが偉大な国家に対するさらなる関心を、今後の世界が目にする最も重要な機会のひとつに際し、表していただきたく存じます。わたくしはここに猊下にフランス人民の初代皇帝の戴冠式に宗教性を授けていただくようお願い致します。猊下にご出席いただければ戴冠式の輝きはいっそう増し、我らが人民と我ら自身に神の多大な恩寵を賜ることになりましょう。帝国と家族の運命は神意により定まります。猊下はわたくしが猊下に対して長く抱いて参りました敬愛の念をご存じでありましょうから、この機会にあらためて敬愛を表することのできる歓びをも理解なさるものと心得ます。[11]

悪魔は細部に宿るとするなら、ナポレオンは鷹の目の持ち主だった。式部長のルイ＝フィリップ・ド・セギュールからこっそり、式次第一切は Pro Rege Coronando（「王の戴冠」）と呼ばれる伝統的な戴冠式の手順にしたがわなければならず、そこでは教皇の権威の優位性があからさまになる（ナポレオンは教皇の前に跪き、教皇の手に接吻する）と知らされると、ナポレオンはあまり教皇を狼狽させないような方法で、この儀式を「今日の慣習、伝統に適合」[12]させようと決心する。実のところ、ナポレオンは自らの手で戴冠するつもりだった。自ら戴冠する行為の前例がヨーロッパになかったわけではない——複数のスペイン国王とロシア皇帝がすでに試みた——が、教皇の面前で執り行なわれたことは絶えてない。それどころか、そうした振る舞いは参列者と世間に向かってナポレオンの権力は軍事的な勝利と政治的な成果、そして本人の運命のみに負うと示すことになるだろう。さらにナポレオンの戴冠は国民投票によって讃美されるであろうし、そのことを強調するため、ナポレオンは教皇と祭壇、ひいては神の前ではなく、教皇に背を向け、人民に向かい自らを戴冠する心づもりだった。ナポレオンが自分自身とジョゼフィーヌに冠を被せると、側近の元帥たちがシャルルマーニュの王権の象徴——冠、王笏、剣、護符、地球儀——をナポレオンに手渡す。ナポレオンが自らをローマ帝国と中世の皇帝の直系の跡継ぎと見なしたのは明らかで、カペー家に用はない。いずれにしろ彼らの血統はルイ十六世とともに途絶えていた。

　実情はというと、シャルルマーニュの宝器はほとんど残っていなかった。革命のせいである。ナポレオンの特使がサン＝ドニ修道院に到着し、秘蔵の宝が納められているはずの宝物庫を開いたところ、藻抜けの殻だった。あちこち探した挙句、美術館でようやく小片がいくつか見つかった。拍車、剣と宝杖の一部は無傷だったが、王冠と「正義の手」は破壊されていた。それは問題ありません、とナポレオンお抱えの宝飾職人マルタン＝ギヨーム・ビエンネは答える。宝器を描いた古い版画を見つけたから、新しいのを拵えましょうと言いながら、たんに「修復」して以前の荘厳な姿に戻したと誰かれとなく触れまわる[13]。もっともビエンネは仕事に励み、シャルルマーニュの（新しい）王冠につける中世のカメオを四十個も捜し当てた。

　かつてないほど壮麗なものにするつもりの戴冠式をどこで行なうべきか。ナポレオンには恐るべきアイデアがあった。エクス＝ラ＝シャペル（アーヘンのフランス語名）はどうだろう。なんと言っても、ナポレオンは西ローマ帝国の復権者を自認した。つねづね気にかけてきたのは、権力の正当化である。戴冠式は国民とかれらの皇帝が心をひとつにする、きわめて象徴的な行事でなければならない。ナポレオンがつねに成し遂げようとしたのは、共和主義と君主の壮麗さの統合である。しかしルター派が勢力を張るライン地方に足を踏み入れるのを教皇が拒んだため、狂人の夢は幻に終わる。

　ナポレオンはパリのノートルダム大聖堂で、自ら戴冠する。これならカトリック教徒のフランスと革命のフランスのどちらも満足させるだろう。ランスはというと、アンシャン・レジームの記憶との結びつきが強すぎて、フランスの偉大な神殿の地位をすでに失っていた。

ノートルダムを飾りつける作業が戴冠式の三か月前に始まり、ナポレオンのお抱え建築家シャルル・ペルシエとピエール・フォンテーヌが監督にあたった。このふたりは新古典主義的な帝政様式の創始者である。ジョゼフィーヌの子供たちの家庭教師、画家のジャン＝バティスト・イザベーもふたりに手を貸した。八月二十四日、堂内が暗すぎるため、一七二八年、一七八〇年に続き、壁面とアーチ型天井の漆喰の塗り直しを直ちに開始することが決定された。漆喰を塗り重ねるたび、不運にも漆喰の下の中世の色彩ばかりでなくフレスコ画まで蝕まれた。[14]

政教条約の締結後、ナポレオンは革命の間に運び出された彫刻と絵画の類をノートルダムに戻すように命じた。大理石工のフランソワ＝ジョゼフ・セリエが、新古典主義の建築家エティエンヌ＝フランソワ・ルグラン設計の真新しい祭壇の制作を委嘱された。装飾は金メッキを施した銅製の浅浮き彫り。大理石の巨大な組彫刻《ルイ十三世の誓願》はというと、じつに象徴的な内陣への復帰を果たす。それでも一大イベントに備えてノートルダムの堂内、外観のどちらにもまだなすべきことは数多い。

式の日取りは一八〇四年十二月二日と決まった。招待状にはこう記す。「神の摂理と帝国憲法が我が家系に世襲による皇位を授与されたゆえ、革命暦三番目の月フリメール（霜月）十一日に戴冠式を行なう[15]」。

その一年前、大聖堂の前庭を挟んで向かい合うオテル＝デューの一部が取り壊され、そのファサードが建て直されたが、この改修ではまだ充分でない。十月一日、ノートルダムの門扉に近すぎて大聖堂のファサードの全景を見るには目障りとされ、家屋数戸が解体された。大聖堂の前面にはファサードと同じ幅の長大なポーチが一段高く設けられた。ポーチは三連のゴシック式アーチをなし、それぞれ四本の柱が支える。柱を飾る三十六体の彫像は三十六の町を象徴し、それぞれの町の代表者は戴冠式に招待を受けた。シャルルマーニュとクロヴィス一世の彫像が中央二本の大柱の上から招待客に歓迎の挨拶を送る。各アーチの上にピラミッドがそびえ、頂きにナポレオンの皇帝の紋章、鷲が羽を休める。帝国の幟が双塔の間に立つ高い棹にはためいた。

堂内では石材が一寸の隙間もなくカーテン、幟、掛け物、ヴェール、タピスリー、天蓋など貴重な織物で覆われる。中世に造られた大理石の床は絨毯の下に隠れ、三十三メートルの高さに届くアーチ型天井まで垂れ幕で覆われ、金色の縁飾りに金糸で刺繍を施した蜜蜂は皇帝の紋章、メロヴィング朝の象徴をアンシャン・レジームの百合の紋章に代えナポレオンが喜んで採用したもの。身廊のぐるりに設けた三層の特別観覧席は金糸刺繍の贅沢な絹布と天鵞絨のダマスク織で覆われた。身廊入口の中央に皇帝の玉座を二十四段の高さに設え、頭上に柱八本の支える凱旋門がそびえる。教皇の席はそれと比べて明らかに低めの十一段、祭壇の右に置かれた。五百名の演奏家と少年聖歌隊員は翼廊と交差する部分の両側に並び、シャンデリア二十四基が堂内を照らした。十一月二十四日、かりそめながら贅沢な装飾を申し分ないものにするため、ナポレオンは金箔で覆いダイヤモンドを散りばめた銀製の見事な花瓶一対をノートルダムに贈る。帝国にけばけばしさは欠かせない。

招待客の衣裳にもそれはおよぶ。皇帝夫妻の前に出るにはサテン、絹、レースがふさわしく、アストラカンの毛皮、孔雀の羽根、貴重な宝石の数々の色彩が花火のように弾けて要人の全身を包んだ。紫、緑、青、赤と対照的な絹靴下の白、フェルトや毛皮の帽子の黒。ナポレオンお抱えの建築家数名と画家が全員の衣裳をデザインした。

ジョゼフィーヌのサテンのドレスにジャン＝バティスト・イザベーは、カトリーヌ・ド・メディシスの衣裳にヒントを得て、肩から首をふちどる高い襟を添えた。上腕の袖をふくらませ、ダイヤモンドを刺繡する。じつに、ジョゼフィーヌはダイヤモンドを全身に纏ったと言ってよい。ダイヤモンドを象嵌した櫛で髪をシニョンにまとめ、両手首にダイヤモンドのブレスレットをつける。それにくわえてペンダント型のイヤリング、ベルト、そして言うまでもなく「ダイヤモンドの木の葉」が形作る冠まで。[16]十一月十七日からは、お抱えの宝石細工師ベルナール＝アルマン・マルグリットがサン＝トノレ通り一二七番地に構える店舗、オ・ヴァーズ・ドール（「黄金の花瓶」）に出かけてショーウィンドウに額を押しつければ、パリ市民はジョゼフィーヌが戴冠式で身に着ける宝飾品を間近に賞翫できるようになった。展示にはマスケット銃で武装した連隊兵士四名の警備がついて群衆の整理にあたり、連日深夜まで行列が途絶えなかった。[17]戴冠式に用いられるジョゼフィーヌの宝飾品のうち、至近距離からの観察をまぬかれたのは皇后の冠のみ。冠はどんなものだったのだろう。一八一一年の目録に詳細な描写がある。八十九個の真珠を散りばめた黄金の環から延びる八枚の棕櫚とギンバイカの黄金の葉が冠を形作り、その中央に十字架を戴く黄金の地球儀が鎮座する。それぞれエメラルドとアメジストで飾られた黄金の葉は、洋梨型の大粒の真珠三個によって互いから分かたれる。一年後、画家ジャック＝ルイ・ダヴィッドは傑作《ナポレオンの戴冠式》を描きはじめるにあたり、王冠を手に取らせてほしいと所望した。

さて皇帝はというと、金糸刺繡の白い天鵞絨の上靴と白絹の靴下を履き、金糸を縫い入れた白いサテンの長衣を纏う。襟、袖、袖口、裾には緑と金の樫と棕櫚の葉模様の絢爛な刺繡、黄金の星々、稲妻、月桂樹の冠が横に連なる。白い長衣の上に羽織る皇帝のマントは壮観でもあれば、またじつに重かった。斤量三十六キロ[18]、特別のうえにも特別のひとでなければ、これを肩に担い、さらに頭に王冠まで載せて三時間の戴冠の儀式をまっとうすることは望めない。真紅の絹天鵞絨を仕立てたマントは、数百の金無垢の蜜蜂を縫い込んだ五メートルの裳裾を引く。Nの字を囲む刺繡の模様には緑の樫、オリーブ、月桂樹の葉が見える。裏地と裾にはロシアから取り寄せた白貂の毛皮が用いられた[19]。

＊

十一月二十五日、ナポレオンは教皇を出迎えるためフォンテーヌブローの森に赴く。ふたりはその後、皇帝専用大型四輪馬車でパリに向かった。テュイルリー宮殿のフロール館はピウス七世のため特別に、各室にローマのモンテ・カヴァッロにある教皇の居室そのままの装飾を施した。戴冠式に先立つ三日三晩、ジェラール・デュロック将軍率いる近衛兵と軽歩兵の六大隊がノートルダムとシテ島への入路の警備にあたった。

十二月二日午前六時、粉雪の舞うなか、賓客が会場に姿を見せはじめる。四時間をかけて国内外から集うさまざまな位の高官一万二千名が、九十二名の官吏に招待状を手渡そうと列をなした[20]。立法府の代表、破毀院の判事、そして政府省庁の役人、軍会計監査官、フランス学士院、国民衛兵、レジオンドヌール受勲者、外交官、軍関係者等々である。

午前九時ちょうど、教皇がノートルダムに向けて出発する。先導するローマ教皇大使スペローニ枢機卿はしきたりどおり騾馬の背に跨がる。もっともスペローニは憤懣やる方ない。純白のを用意するよう求めたのに、騾馬が黒に近い灰色だったためである。パリ市民はむろんこの光景をしっかり目に留めた。「紫色の司祭の平服を纏い、お仕着せ姿で手綱をとる召使いを両脇に侍らせ、何の取り柄もない騾馬の背に揺られるこの男。かれの衣裳と周囲の質素さの対比は何かしらの目眩ましを狙ってのことか[21]」

フランスの首都でさらにいっそうきらびやかな行列が延々と続いた後、教皇はようやくノートルダムに到着し、ジャン゠バティスト・ド・ベロワ司教の出迎えを受けた。ナポレオンとジョゼフィーヌはまだ私室を出発していなかったので、更衣の時間はたっぷりある。典礼の定めにはないものの、ピウス七世にはナポレオン家から「儀式に華を添えるため[22]」ぜひとも司教冠を被っていただきたいとの申し入れがあった。盛装に身を固めた教皇は中央門扉から頭上に天蓋を捧げる四名の参事会員を伴い、大聖堂に入場した。フランス人聖職者が勢ぞろいして教皇を迎えるなか、二組のオーケストラが「汝はペテロなり」を奏でる。祈禱台に跪いた教皇は、皇帝夫妻の到着を待つばかり。教皇は九十分間跪いたままだった。

ナポレオンとジョゼフィーヌがノートルダムに到着したとき、正午の鐘が鳴った。午前中の略装から正装へ着替えをすませ、ついに戴冠式を執り行なう準備が調った。皇帝夫妻が姿を現わすと、全員が起立する。ふたりはそれぞれ皇帝と皇妃の座の前に立った。厳かな奉納ミサと宗教行事がいよいよ始まる。ピウス七世が続いてナポレオンに教会堂を援助すると誓うように求め、ナポレオンがこれにひとこと「約束する」と応える。次にナポレオンとジョゼフィーヌは教皇からそれぞれ三度の塗油を受ける。これは戴冠式のなかでも厳粛な部分だが、わざと聖堂のなかでも奥まったところで行なわれたため、視野を遮られずに目にした人はほとんどいない。ナポレオンは来場者に自分が教会に従属するものと見られるのを嫌った。

その後に起きたことは、ナポレオンの目にはまさに真の儀式、言い換えれば政治的な戴冠式だった。祭壇に歩み寄ったナポレオンは教皇に背を向け、参列者と向き合い、王冠を摑むと自ら戴冠した。自身の才能のみを頼りに成功を収めた立志伝中の人物にとって、これは究極の勝利にほかならない。

一呼吸おいてナポレオンは跪くジョゼフィーヌに歩み寄り、皇后の冠を頭に被せた。ジャン＝フランソワ・ルスユールがこの日のために作曲した行進曲を大編成のオーケストラが奏で、大鐘エマニュエルがいよいよ大きく鳴り響くなか、皇帝夫妻は二十四段の階段を上り、玉座に着いた。ふたりの一挙一動を目で追う参列者がかれらの「ユピテル」を見上げれば、そのためにぬかりなくアーチ型天井から吊り下げられたシャンデリアが皇帝の面と王冠を華々しく照らし出す。

続いて教皇が皇座に上り、皇帝に接吻し、厳かに述べる。「皇帝万歳！」引き続き行なわれた聖体拝領を皇帝、皇后のいずれも受けようとしない。これが何を象徴するか見逃した者はない。教皇ならびに枢機卿の全員がせわしなく聖具室へ案内され、そこからはナポレオンの戴冠誓約と世俗憲法および国家を教会の上位に置く政教条約を含む帝国の基本法への忠誠を誓うことばを聞くことは叶わないとなれば、なおさらである。

ノートルダムが選ばれたのは、まさにこの理由からだった。宏大な内部空間、回廊を二重に巡らせた身廊、上部柱廊、礼拝堂と聖具室を巧妙に用いれば、政治的な効果を挙げることも夢ではない。優れた演出家でもあったナポレオンは、あらゆる細部を徹底的に吟味し、参列者はそれぞれの位階にしたがい、式典を目にし耳にするよう期待されたとおりにのみ受け取った。ノートルダムはこうして市民の力と宗教の権力の統合の象徴と場、複雑で多面的なフランスの政治劇の回り舞台となった。

午後三時過ぎ、皇帝を乗せて列をなす四輪馬車二十五輌がテュイルリー宮殿に向けて出発し、教皇を乗せた大型四輪馬車十輌がこれに続く。今回、騾馬の姿は見えない。寒気、霧、そして雪をものともせず、パリ市民は沿道に大挙つめかけた。五十万人が舗道を埋め、皇帝夫妻に喝采を送り、白の羽根飾りと赤い革の馬具をつけた白馬八頭の牽く絢爛とした馬車に見惚れた。行列は密集する人ごみに妨げられ、しばしば停車を余儀なくされる。[23] 二時間後、ナポレオンとジョゼフィーヌがようやくテュイルリー宮の私室に入ると、皇帝は重さ四十キロ近いマントをやっと脱ぐことができ、以後二度とこの押しつぶされて息も絶え絶えになったマントを身につけることはなかった。

この日ナポレオンは勝利と平和をもたらす将軍、近代国家の元首、天才政治家として、反感を宥め、国民の意識に巣くう分断と憎悪に終止符を打つ偉業を成し遂げた。王立学校で教育を受け、共和国の人民に選出された者以外の誰に、これほど微妙な均衡を達成できただろう。

戴冠式から五日を経た十二月七日、内務大臣の指示によりノートルダムのダストロス参事会員が謎めいた小包を受け取る。新皇帝からの感謝のしるしとのこと。中から出てきたのは茨の冠、十字架の破片、キリストの血を収めた小さなガラス瓶、聖王ルイの鞭と上衣を初めとする聖遺物多数。これを目的に聖王ルイの建てたサント＝シャペル教会に一二四八年以来長く保管されてきた宝物は、終の住処への転居を果たす。ナポレオンは自らを皇帝にした大聖堂に謝意を表したのである。

＊

一八〇〇年二月二十二日、画家ジャック＝ルイ・ダヴィッドの弟子のひとりが、昔からこのように死にたかった旨を記した走り書きをポケットに入れ、ノートルダム上部柱廊のファサードから身を投げた。[24] ナポレオンの公式画家、または首席画家の肩書きを許されたダヴィッドは、畢生の大作の制作を求められて、かつての弟子を思い起こしたろうか。戴冠式を二か月後に控え、ナポレオンが五十六歳のダヴィッドに委嘱した作品はカンヴァス四点。ダヴィッドはその後の四年間をこの作業に費やすことになる。

戴冠式の当日ノートルダムの堂内に特別席を賜るよう願い出て許されたダヴィッドは何十枚ものスケッチを描き、集合図の習作も手がけ、配慮すべき点を書き留めた。また式の数日前にノートルダムに足を運び、さまざまな装飾もスケッチした。そして一八〇五年を準備期間に充てた。空間の構図について建築家の助言を求め、個々の肖像画に着手し、パリ市内に四点の巨大なカンヴァスを収容できる広さのアトリエを探し求め、その費用として最初の手付金二万五千フランを受領した。教皇が一八〇五年四月までパリに滞在する好機に乗じ、モデルとして写生させてもらい、九月には新たなアトリエに引っ越し、まもなく暖房用に大きなストーブ二台を発注した。ダヴィッドのアトリエはソルボンヌ大学の向かい、クリュニー館の旧礼拝堂のなかにあった。ダヴィッドがひとりでカンヴァスに向かうのは珍しい。弟子のなかでもとくに出来のよい者が手伝ったり、訪問して意見を述べたりした。ダヴィッドはそのなかのひとり、才能に恵まれ、若く従順なジョルジュ・ルージェを雇い入れる。ルージェはダヴィッドと並んで制作に勤しんだ。一八〇五年十二月二十一日、ダヴィッドはついに《戴冠式》の制作に着手する。

歴史画家としてダヴィッドは、下調べにも喜んで取り組んだ。このような儀式は先例が乏しいため中世にまで遡り、十五世紀の装飾写本にあたり、高位聖職者の一団など画題のインスピレーションを探る。時代を感じさせない伝統的な装束に身を固めるかれらは、白貂を裏打ちしたマントを着ける古代風の皇帝とゴシックを模した奇抜な衣裳姿の宮廷人を結びつけるのに欠かせない。ルーベンスの《マリー・ド・メディシスの戴冠、一六一〇年五月十三日、於サン゠ドニ》から着想を得たのも明らかだろう。

ダヴィッドはまもなくアトリエのなかに、ノートルダムの内陣の縮尺模型を組み立てるよう依頼する。カンヴァスに描く予定の百九十一名のうち素性を見分けられる何名かの人物役の小さな人形をその内部に配置し、衣裳と顔を照らす照明の効果を入念に検証した。場面を立体的に再現するこの方法は、敬愛するニコラ・プッサンに学んだもの。皇帝、皇后、教皇を別にして、戴冠式に出席した百名を超す貴賓客がダヴィッドのアトリエを訪れ、モデルとなった。ダヴィッドはしばしばかれらに戴冠式当日と同じ服装で来るよう求めた。細部をひとつも漏らさず描きつくすため、ナポレオンの王冠とマントを一日か二日拝借したいとも申し入れた。

ダヴィッドが直面する最大の課題は、画中の皇帝にどのような態度をとらせるか。自ら戴冠する様子を描くか、それともジョゼフィーヌに冠を被せるところか。ダヴィッドはじつはこの両方を描いた。一八〇六年の夏に弟子のフランソワ・ジェラールと延々と議論し、検討を重ねた末、画家は最終的により穏当で礼儀にかなう選択肢を採用する。皇帝を描いた部分の表面を助手のジョルジュ・ルージェが削りとり、ダヴィッドは女性に対してより丁重な振る舞いに描き直す。皇帝よりもジョゼフィーヌを目立たせるこの選択は政治的な反発を引き起こす。それでも一八〇八年一月四日にナポレオンが正式に了承してからは、議論はたんなる技術論となり、ダヴィッドはやっと安堵のため息をつくことができた。

その一八〇八年一月四日、ヴェネツィアから帰国したばかりのナポレオンはセーヌ川を渡り、完成した絵を見にダヴィッドのアトリエを訪ねた。ジョゼフィーヌと少人数の側近に伴われた皇帝は、こう驚きの声を上げたとされる。「絵のなかに歩いていける！」皇帝のほめ言葉は批判の声を完全に鎮めるだろう。別れ際、一時間以上もカンヴァスを吟味した後でナポレオンはダヴィッドに顔を向け、帽子をとり会釈した。

ナポレオンがダヴィッドの絵をとりわけ気に入った理由はふたつあり、ひとつは細部まで忽せにしない描き方、したがって歴史的真実の重視と、もうひとつはノートルダムで不在のことさらに目立った人々を登場させて儀式を仕立て直したことである。まずナポレオンの母親レティツィアは毛嫌いするジョゼフィーヌに反発してローマから動こうとしなかったが、中央の貴賓席から戴冠式を眺め、息子に優しい笑顔を向けている。儀式の記録は、このようなものとして後世に遺されるべきであった。

《戴冠式》は一八〇八年二月七日から三月二十一日までルーヴル美術館でお披露目されたものの、その後しまいこまれて人目に触れず、一八三八年になってようやくヴェルサイユ宮殿に専用のスペースが用意され、展示されることになった。一八八九年にはルーヴル美術館に運ばれ、現在もそこに掛かっている。寸法六・二一メートル×九・八メートルのこの作品は、ルーヴル美術館でも二番目の大きさで、ヴェロネーゼの《カナの婚礼》に次ぐ大作である。

＊

時世は目まぐるしく移り変わる。一八一五年九月二日、ナポレオンと敵対する勢力によって復権させられた国王ルイ十八世の命を受け、革命のさなか神に対しなされたすべての非道を悔いるため、ノートルダムで荘厳ミサが執り行なわれた。数週間後の十月十七日、反抗心に燃えるパリ市民にメッセージを明確に伝えるため、マリー＝アントワネットの命日に合わせ、また一度荘厳ミサが執り行なわれる。ルイ十八世の治世はアンシャン・レジームへの回帰とはならず、兄のルイ十六世のような絶対王政でもなかった。それでも、ブルボン王朝がフランスに復活するのを目にするのが耐えられなかった者もある。一八一七年四月十八日、ノートルダムの晩課の最中に旧ナポレオン軍の哀れな古参近衛隊の兵士が聖具室で喉を掻っ切った。フランス人はかれらの皇帝を喪失した事実に慣れなければならないだろう。

6

一八三一年——ヴィクトル・ユゴーの小説はいかにしてノートルダムを救ったか

「これがあれを救うだろう」

三十二歳のロマン派の画家ウジェーヌ・ドラクロワ、ナポレオン支持派の自由主義者は一八三〇年七月革命とも呼ばれる「栄光の三日間」の単なる目撃者、あるいは本人の呼び方にしたがうなら「散歩者」にすぎない。フランスの首都を歩き回りながら、この間に目にしたこと——職人、労働者、ブルジョワ、学生、そして子供まであらゆる立場のパリ市民が力を合わせてバリケードを築き、シャルル十世が廃棄を狙う自由を護ろうと命懸けで挑んだ闘い——はドラクロワの心の奥底に深い印象を刻んだ。ルイ十五世の孫にあたる国王シャルル十世は、よりリベラルな兄ルイ十八世が一八二四年に他界した後、王位を襲い徐々にアンシャン・レジームの復活を目論んだ。そして手始めに、一八二五年五月二十九日の戴冠式をあえてノートルダムではなくランスの大聖堂で執り行ない、ブルボン王朝の古い伝統への回帰を図る。

一八三〇年七月二十五日、抑圧的な姿勢を強めた国王はきわめて異論の多い六つの裁定をくだす。

第一に新聞と出版の徹底した検閲を復活させた。第二に選挙を終えたばかりの、リベラル派が主流を占める代議院を解散させた。第三に選挙権を最富裕層のフランス人男性のみに限って小ブルジョワから投票権を取り上げ、唐突にかれらには発言権をもつほどの重要性はないと決めつけた。第四、第五、第六はいずれも公職に過激な王党派を多く起用するための、憲法の根本からの改変である。人民は真意を正面から受けとめる。これは挑発であり、甚だしい侮辱にほかならない。パリの街路に血の雨が降るだろう。

一八三〇年七月二十七日、二十八日、二十九日の「栄光の三日間」、パリ市民は武器を手に立ち上がる。まず、新聞と出版が検閲への屈伏を拒み、今後王権は違法であり、それに対しては不服従を貫くのが義務であり、場合によっては武力に訴えるとの意志を表明する。「ル・ナシオナル」、「ル・タン」、「ル・グローブ」、「ル・ジュルナル・デュ・コメルス」の記者を逮捕しようと憲兵隊が新聞社に向かったが、印刷工と植字工が反撃し、これが反乱を誘発する。ナポレオン古参近衛隊のかつての兵士は記念に、あるいはもしかすると他の用途を念頭に武器を手許に残しており、それまで煉瓦と敷石のみを手に国王側の近衛兵と戦ってきた反乱軍の隊列に加わった。

シャルル十世が安全なサン゠クルー城に留まる間にも、「ブルボン家を倒せ」、「自由万歳」と叫ぶ反乱が革命に変化しつつあるのは明らかだった。王家の紋章はことごとく、ずたずたにされないまでも泥をかけられ、白地に百合の紋章も鮮やかな王家の旗には火が放たれる。パリ市民は市庁舎に乱入し、三色旗を掲げる。守備隊は次々に離脱し、革命軍に合流した。誉れ高いサン゠シール陸軍士官学校の生徒たちもバリケードに拠る人民に加勢する。

フランスの共和派はひとつにまとまることができず、七十二歳のラファイエット侯爵は指揮を執ろうとしない。そこで少数の議員団が、ブルボン家から分かれたオルレアン家に属し、シャルル十世の従弟にあたるルイ＝フィリップと密かに連絡をとるが、ルイ＝フィリップのリベラル志向は広く知られていた。交渉が続くなか、シャルル十世と直系の跡取りが王位を放棄し、ルイ＝フィリップが王国陸軍准将の称号と議員団の課す条件のいずれも受け入れる決心を固めると、偏屈な宗教観の持ち主として知られるシャルル十世を標的とする反教権の怒りに駆られ、数千のパリ市民がノートルダムの司教館を襲撃した。数名が塔の頂きに三色旗を掲げれば、大勢は荒れ狂い、枢機卿の金庫を漁り、銀器を略奪し、司教の祭服を切り刻む。しかし大聖堂そのものと聖遺物には、誰ひとり手を触れようとしない。それはパリ市民のなかでもとりわけ反抗心に燃え、教権を毛嫌いする人々でさえ、ノートルダムには敬意を抱いたしるしだろうか。

当初ドラクロワは心を奪われたが、同時にかなり怯えもした。ところがのちにアレクサンドル・デュマが明かすように、「ノートルダムの塔のそれぞれに巨大な三色旗が掲げられるのを見て、感激が恐怖を呑み込んだ。あの旗はかつてナポレオンのものだった。初めのうちこそ恐れたこれらの人々を、ドラクロワはやがて賛美することになる」。この三日間に若い画家の心は畏怖と高揚感、そして鮮烈な感情に満たされ、数週間後、かれは巨大なカンヴァスにそれを描写する。後日、行動するフランス革命精神の象徴となる《民衆を導く自由の女神》が、ドラクロワの頭のなかで形をとろうとしていた。

シャンゼリゼ通りに近いジャン・グージョン通り九番地、妻アデルとともに引っ越したばかりの新居では、ドラクロワの若い友人、二十八歳の詩人、劇作家ヴィクトル・ユゴーもまた一途に思考に耽っていた。七月二十五日、版元のシャルル・ゴスランに書くと約してすでに久しい小説の執筆にようやく取りかかる。五か月のうちに脱稿するか、さもなければ、とうの昔に使い果たした前金を版元に返済したうえ、高額の罰金も支払わなければならない。それまでは激動する眼前の時代とより密につながり、真の興味の対象でもある劇作が、激しやすい若手ロマン派作家ユゴーの心を完全に虜にしていた。とはいえ今、当時フランスで熱狂的に支持されたウォルター・スコットと同系統の作と二年前に漠然と説明した新たな小説に取り組む機は熟した。

仕事に取りかかるのに、これほど波瀾万丈の時期は望みえない。『ノートルダム・ド・パリ』と題名を書きつけてから二日後、パリ市民はバリケードを築きはじめ、その後まもなく夫人が五人目の子供を出産、この子は母親の愛らしい名アデルを受け継ぐこととなる。ドラクロワがそうであったように、革命に彩られた夏の日々の高揚感と血湧き肉躍る政治状況の展開は、ユゴーの霊感と物語を紡ぐ能力に火を点ける。

ユゴーはノートルダムをたんに物語の舞台に選んだのではなかった。大聖堂は物語そのものであり、パリの人々とともに主人公でもあった。物語の筋立てと登場人物——美しいジプシー女エスメラルダ、彼女を密かに慕う心優しいせむしの鐘撞きカジモド、邪な司教補佐フロロ、無一文の詩人グランゴワール、美男だが頼りにならない親衛隊長フェビュス——を考えはじめたユゴーは、気高い動機に導かれ、この世のものならぬ力に取り憑かれたとさえ思われた。

まもなくユゴーは主題がひとりでに成長し、話が勝手に展開して手に負えなくなるほどに、自分自身の思考の流れを止められないかのように感じた。小説は当初の計画よりもはるかに大きく広がり、はるかに長いものになりそうだった。ユゴーはゴスランに、長くなった分の割増金と時間の猶予を求める。版元はこれを時間稼ぎの計略と決めつけ、にべもなく断った。ユゴーはそれでも執筆を続け、一八三一年三月にゴスラン版が刊行されてまもなく、省略なしの完全版を出版してくれる新たな版元探しに着手する。ユゴーと契約を結んだウジェーヌ・ランデュエルは当代きっての芸術家、たとえば木版画家のアンリ・ポレや挿絵画家セレスタン・ナントゥイユ等を起用し、ふんだんに挿絵を添えた特装本の出版にご執心。文学的な内容に釣り合う、物としての価値を本にもたせたいとランデュエルは望んだ。『ノートルダム・ド・パリ』の決定版は豪華な赤い表紙にネオ・ゴシック風の装飾と図版を配して一八三二年十二月に出版され、本として立派なのはもとより、挿絵もユゴーの文章に伍して読者の想像力を大いに掻き立てた。人々は文章と挿絵の見事に融合した廉価版を買い求めようと、書店に群がる。ランデュエル版のページを開けば、ひとはなぜか一四八二年に設定された、まったく新しい世界に足を踏み入れる。

一四八二年のパリでは特記すべきことは何ひとつ起こらず、それはノートルダムについても同様。それなのに、ヴィクトル・ユゴーは物語の時代設定にルイ十一世の治める十五世紀を選んだ。それはおそらくこの頃ノートルダムは「時の経過と人の手がともに課す無数の劣化と損傷」[2]にすでに晒されていたからかもしれないし、またそれが「混沌とした中世の末期から猛々しいルネサンスの壮麗さへの移行期」[3]にあたったからかもしれない。一七八九年の遺産を近代世界の荒波から護ろうとする十九世紀半ばのフランスに少し似たところもある。

ユゴーは中世についてほとんど何も知らなかったし、また当時はこの時代について何にせよあまり知られていなかったと言ってよいだろう。公文書管理の専門家、歴史学者、古書体学者などの養成機関として名高いフランス国立古文書学校はほんの数年前の一八二一年に創立されたばかりで、中世に関する学問的な知識はこの頃とくに乏しかった。ユゴーは、ジャック・デュ・ブロルやアンリ・ソーヴァル等の学者が十六世紀、十七世紀に出版したパリに関する古い歴史書や、ルイ＝ガブリエル・ミショー著の有名な『世界伝記集』を家に持ち帰る。ユゴーは想像力を働かせて自らの大聖堂を築き、史実と実在の人物を散りばめ、独自の政治観、哲学観でそれを充たした。

ユゴーはさまざまなジャンルの文学を楽しげに、また見事な手さばきでひとつに編み上げる。『ノートルダム・ド・パリ』は英国風ゴシック小説、中世年代記、恋愛小説、錬金術論、哲学随想、さらに政治マニフェストのすべてを一手に引き受けた。一八三二年に刊行された決定版は、ユゴーには忽せにできない新たな重要課題を含む。名高い第五編、そして印刷された文字がいかに建築を殺めたかを明らかにしたそのなかの一章「これがあれを滅ぼすだろう」などである。そこでは話の筋を追うのをやめて、ユゴーがじかに読者に語りかける。ユゴーの仮説は次のとおり。歴史が始まって以来十五世紀まで、建築は人類の書物であった。立てた石（アルファベットの文字を表わす）、ドルメン（音節）、カルナックやストーンヘンジの類のドルメン群（文）からエジプトのピラミッドのような建造物全体に至るまで、建築は歴史が初めて有した「書物」だった。印刷の発明はしたがって建築の死を意味する。ゴシック様式の大聖堂は建築の精華、大聖堂は石でできた最後の、そして最高の一冊にほかならない。

奇妙なことに、そして大聖堂は小説の重要な主人公なのに、ユゴーはまるで舞台の背景でもあるかのように、大雑把な筆遣いの描写ですませる。事実、ユゴーは建物の細部よりも、そこで行なわれるミサ、体現する思想、象徴性により強く惹かれたように見える。また読者の手を取ってわざわざ案内することもない。実際のところ、正式な紹介は第三編まで待たねばならない。「我々の大聖堂のなかでも、老いたこの女王の貌に刻まれた皺ひとつひとつの隣には傷跡も見える」とユゴーは記す。かれにとってノートルダムはたしかに生命を有する存在であり、半ば女王、半ばキメラなのだった。

ヴィクトル・ユゴーはこの小説でふたつのことを成し遂げようと願った。ひとつは一八〇〇年代初頭に妖精、廃墟、吟遊詩人の安手のつぎはぎ細工の形で現われた薄っぺらな一時の流行とは異なる、まっとうな中世の姿を描くこと。ふたつめはフランスの歴史的建造物の置かれた惨状、崩落するにまかせ、やがては不動産開発業者の手であっさり取り壊される現況への意識を高めること。歴史的建造物には修復、保護を目的とする国家規模の総合的な計画が必要であり、ユゴーはその大義のためなら私欲を離れ、不屈の代弁者になりたいと願った。

ユゴーはなかでも十五世紀以降ノートルダムを損ないつづけてきた「芸術家」とされる人々が腹に

据えかねた。「一列に並ぶ彫刻群を引き下ろしたのはいったい誰だったか。壁龕を空にしたのは誰か、正面入口の中央にろくでもない筋交いを新たに刻みつけたのは誰か。入口の内部にルイ十五世時代の様式の彫刻を施した重苦しく悪趣味な木製の扉を、よりによってビスコルネット作のアラベスク装飾の隣に取りつけたのは誰か。人間である。我々の生きるこの時代の建築家、芸術家である」。第三編にユゴーは人の手が加わったことによる劣化を延々と書き連ねる。ユゴーは損傷を三種に分類した。「まずは時間、これはそこかしこを微かに削り取り、表面のいたるところを錆びつかせる」。ふたつめは政治、宗教の両面に生じた革命、これが「無鉄砲で怒りっぽい本性のままに、興奮して寺院に襲いかかり［…］薔薇窓を叩き割り、寺院を美しく飾るアラベスクや小像を破壊し、彫像がときに司教冠を、ときに王冠を被るのを見とがめて引き倒した」。三つめに、愚かで馬鹿げた流行の数々が革命にもまさる害をなした。

流行は生きた肉体に切りつけ、その下に埋もれた芸術の骨格に攻撃をしかけ、建築物の形式と象徴性、論理ならびに美を切り刻み、叩き割り、挫傷させ、息の根を止めた。そのうえで建物を作り直したが、こればかりは時間や革命でさえ手柄と言い募ろうとはしなかったもの。厚かましくも、「趣味の良さ」の名のもとに流行はゴシック建築の傷跡の上に、当世風のくだらない紛い物を貼り付けた。

ユゴーはいわゆる「趣味の良さ」の擁護者、無知な官僚に対しては、侮蔑しか感じない。「ヴァンダル族が生み出した素晴らしい芸術はアカデミー派の学者たちの手にかかって殺された。［…］それは瀕死の獅子にとどめを刺すこと。毛虫に刺され、嚙まれ、齧られ、最後の一撃を喰らい、朽ち果てる樫の古木にほかならない」。

『ノートルダム・ド・パリ』でヴィクトル・ユゴーは、一八二五年に二十三歳の若さで始めた闘いを引き続き行なったことになる。ユゴーの著した小冊子『破壊者との戦い』は『フランスの記念建造物の破壊について』の題でも発表され、フランスの歴史的建造物保護が差し迫った課題であることをきわめて明瞭に、情熱をこめて説き明かした。「誰もが黙り込むのをやめるときが来た。新しいフランスが古いフランスの救出に駆けつけるよう求める声を、いたるところで上げなければならない」。この熱烈なエッセイは一八二五年以降幾度も出版され、一八三二年には『ノートルダム・ド・パリ』の手引き書としてふたたび刊行された。それはルイ＝フィリップの新政治体制と世論の双方に甚大な影響をおよぼした。

つまるところギリシア式でもローマ式でもないグレコ・ローマン様式の新たな建物を築くよりも、もともと世界中のどことも違うフランス式で造られた既存の中世の建物を救えばよいではないか。ユゴーが求めたのは、歴史的建造物の取り壊しを不動産投機から防ぐ新法の制定だった。「建物にはふたつの側面がある。ひとつは実用性、もうひとつは美しさ。実用性は所有者のもの、美しさは万人のもの、あなたの、わたしの、我々全員のものである。したがって、建物を破壊するのは越権行為にあたる」。ユゴーはこれにくわえて専門機関または省庁内の専門部局が公共サービスとして会計監査を行なうことの必要性も訴えた。

一七八九年の革命と古いフランスの二重の遺産を引き継ぐ政治的正当性を見いだしたいと熱望していたルイ＝フィリップは、ユゴーの運動にこれを達成する契機を見た。首相のフランソワ・ギゾーは、そうした計画を主導できるのは地元知事と市長の助けを得た国家にかぎると考えた。首相はそこで文化財保護監督官の職を新設し、作家のプロスペル・メリメ（『カルメン』の作者）が一八三四年からこの役目を担う。これについては次章で触れよう。今こそ中世と当時制作された真に独創的な芸術を忘却の淵から救い出す時、フランス人がすでに忘れ去った中世の比類ない遺産を示す時が来た。

キリスト教世界の高位聖職者、スカンディナヴィア、ハンガリー、モレアス専制公領、アッコの聖ヨハネ教会、ニコシアの司教たちが蒙を啓こうとして群がったのは、十三世紀のパリ、ノートルダム周辺の大学ではなかったか。[4] アリストテレスの論考のすべてを、論理学のみを例外として大学から追放しようとした教皇の禁止令に昂然と、大っぴらに逆らうことにより、パリは自立心旺盛な学者や学生を引きつける磁石となる。大学に依る知識人たちが哲学的に思考する権利を主張すれば、平信徒の教授連はまだ年若い生徒たちにアリストテレスの著作を教えた。生徒の多くは平信徒として世に出る心づもりだった。

最後に、人間の幸福という考え方に導く新たな、合理的な道筋を示したのは、ここシテ島に在るまさにこの大学ではなかったか。十三世紀に平信徒の教授連が人間の尊厳、自由、良心に誘う思考を宣言したのは、この大学からではなかったか。
革命後、ナポレオン後のフランスにしてみれば、奇妙にも忘れ去られてはいるものの、かくも輝かしい過去を深く掘り下げる機会に恵まれれば、これを歓迎しない手はない。そしてノートルダムはこの時代に特別な、象徴的な意味をもつ場だったが、それにはふたつの大きな理由があった。ひとつはノートルダムがフランス史の美しい面と複雑な面の両方を示すとともに、両者の統合までも提示したからである。

古来の記念建造物の側面のひとつひとつ、石材のひとつひとつがたんにフランス史の一ページばかりか、科学史、芸術史の一ページでもある。したがって［…］小さな「赤門」が十五世紀ゴシック建築の精緻をきわめようとすれば、身廊を支える柱の量感と重量感はカロリング朝時代のサン＝ジェルマン＝デ＝プレ修道院に遡る。あの扉とあの支柱の間に、六世紀の開きがあるなどといったい誰が考えるだろうか。［…］パリの古い教会の中心となり母体ともなったこの大聖堂は、一種のキメラのような存在である。頭はどこそこ、四肢はまた別の、そして背面はどちらとも異なる第三の教会にちなむ。それらはすべてのものの一部を集めたものなのである。

ふたつめはノートルダムが人民の大聖堂であるからであり、「建築の最大の産物は個人の営為の賜物というよりも、社会のつくり上げたもの、天賦の才に恵まれた人々の得た霊感というよりもむしろ身を粉にして働くすべての人々の生み出した成果である。民族の残した供託物、数世紀にわたる蓄積なのである」。

ユゴーの小説は中世建築の復活を予告し、独学の若手建築家ウジェーヌ・ヴィオレ゠ル゠デュクがまもなくその先頭に立つ。一八三四年に創設されてまもない歴史建造物局に雇われたヴィオレ゠ル゠デュクはアカデミーに反旗を翻したばかりか、古い石造りの建築物を愛してやまず、中世の記念碑的建築を修復し、尊厳をもって扱うよう求めて熱心に運動を続けるグループにも属した。ヴィクトル・ユゴーが著書によってノートルダムを救ったとすれば、ヴィオレ゠ル゠デュクがその修復にまもなく乗り出すことになるだろう。

『ノートルダム・ド・パリ』の成功は多方面におよぶ。パリの大聖堂をある種の死の淵から救い出すという目的を達成した後、ユゴーの著書はたちまち世界規模のマルチメディア現象の第一号となった。小説の登場人物と大聖堂はありとあらゆるところに姿を現わしはじめる。飾り皿、温度計、灰皿、小像、置き時計、ポスター、安物の版画、リトグラフを初めとして、その姿を模し、あるいは描いてじつにさまざまなものが作られる。出版から二か月後、ユゴーはしぶしぶオペラ化の脚色に同意する。事実、一八三二年から数えて芝居やバレエとして十回舞台化され、ミュージカルに十二回、映画黎明期から数えて大スクリーンにも十回登場している。なかでも特に名高いのはチャールズ・ロートンとモーリン・オハラがカジモドとエスメラルダに扮した一九三九年版、そしてアンソニー・クインとジーナ・ロロブリジーダによる一九五六年版だろう。一九九六年にはディズニーのアニメ映画『ノートルダムの鐘』が制作され、松明の未来の世代への継承が確実になった。ヴィクトル・ユゴーの小説がセリーヌ・ディオンに劇中歌のヒット曲を、『アサシン・クリード・ユニティ』などビデオゲームに舞台を提供することになった訳は、ここからも推察できるだろう。

国家的な惨事を経験すると、フランス人はしばしば文学作品に目を向ける。二〇一五年一月に「シャルリ・エブド」襲撃事件が起こると、ヴォルテールの『寛容論』（一七六三年）、宗教にちなむ狂信的行為に反対する小冊子の売上が跳ね上がった。二〇一五年十一月十三日に死者百三十名、負傷者四百名余りを出したパリ同時多発テロ事件の後は、アーネスト・ヘミングウェイの『移動祝祭日』が数か月にわたりベストセラーの第一位を独走した。日々の暮らしの喜びを屈託なく描いてパリを讃美するこの小説は、テロリストの攻撃を受けて心に深い傷を負った数百万のパリ市民の心に語りかけた。二〇一九年四月十五日の火災の後には、ヴィクトル・ユゴーの小説、収益を再建資金に充てる仕組みで再刊された特別版がいきなり数日のうちに過去一年分の売上を上回った。「これがあれを救うだろう」。この本はいつまでもノートルダムの面倒を見つづける。

7

一八四四年――ヴィオレ゠ル゠デュク

「薔薇窓の光に照らされ、ここで最期の時を迎えられますように」

ウジェーヌ・ヴィオレ゠ル゠デュクは一八一四年一月のある凍えるほど寒い昼下がり、パリ市内パレ・ロワイヤルにほど近いシャバネ通り一番地で呱々の声を上げた。見識のあるブルジョワ家庭に生まれ、カトリックとはいえ深い信念があるというより世のしきたりにしたがうまでのこと、政治にはさして関心がない。父方の係累には役人と商人があり、母方の伯父エティエンヌ・ドレクリューズはナポレオン戴冠式の時代に画家ジャック゠ルイ・ダヴィッドの下で絵を学び、一八二二年には有力紙「ジュルナル・デ・デバ」の専属美術批評家となり、以後三十五年この職に留まる。作家のスタンダール、プロスペル・メリメの友人でもあったエティエンヌは、屋根裏の自室で毎週日曜午後二時から文学サロン「エスプリ・リベラル」を主宰した。ヴィオレ゠ル゠デュク一家の暮らすアパルトマンはその階下にあった。

ルイ十八世（在位一八一四―二四年）とシャルル十世（在位一八二四―三〇年）の君主制に批判的な、こうした年若いリベラル派はしかし政治より芸術に興味があり、なによりも自分たちの生きる世界について興味津々だった。博学なかれらは文芸書を貪り読み、考古学、植物学そして科学の研究にも精を出した。ピアニストとしても立てるほどの腕前をもつメリメは、法律を修めるかたわらロシア語、英語、アラビア語、さらにギリシア語を学び、歴史、神秘主義、そして並外れたものに寄せる関心も尽きることがない。かれらにはユゴーのやり方は押しつけがましく感じられ、賛同しかねた。それに代わるものとして、かれらは「現実的なロマン主義」の類を擁護する。

二十代後半にしてすでに短篇作家として成功を収めたメリメは、公務員になろうと決心する。そうすれば安定した収入を得ながら執筆できるし、かねてからの願いも叶う。石造りの古い建物に強く惹かれるメリメは、文化財保護監督官という職掌の申し分のない候補になりうる。フランスの新しい指導者ルイ＝フィリップ国王の下で一八三〇年に創設されたこの新たな公職は、長く蔑ろにされてきたフランスの厖大な歴史的建造物の現況評価、目録化、維持管理を行なうことにある。ノートルダムに限らず、歴史的建造物のなかには酷い惨状に陥っているものがあった。メリメが夢にまで見た任務に就いたのは一八三四年五月二十七日、すぐさま国中を巡って歴史的建造物の第一回格付けと保存に必要な予算の算定を行なった。これが長期におよぶ輝かしい冒険の第一歩となる。

ヴィオレ＝ル＝デュク青年は建築家になりたかったけれども、美術学校には通いたくない。美術学校といえばエコール・デ・ボザール（パリ国立高等美術学校）かローマのアカデミー・ド・フランスのことで、フランスの才能はもっぱらこのふたつの芸術家養成機関が育て上げた。これらの美術学校はどれほど評判が良くても、個人の創造性を窒息させ、型にはまった世界観を押しつけるように思われてならない。しかも教授が新任教授を選ぶ制度を採っていては独創的な意見、異論の台頭する余地がない。ウジェーヌは反抗心のかたまりだった。そのうえ、中世の美術と建築をこよなく愛する青年は新古典主義が全盛をきわめる時代と波長が合わない。中世は「怪奇なもの」、怪物や恐ろしいもの、非合理なものに満ち満ちた世界と見なされていたのに、かれの見方はこれとは正反対。中世の建物を研究しはじめたヴィオレ＝ル＝デュクは、合理性と明晰さの代わりに見いだしたものに感嘆せずにいられない。

ウジェーヌは殻を破りたかったけれども、建築の教育はどうすれば受けられるのだろうか。国中を旅して周り、観察し、素描し、研究し、油彩で描いてから、パリに戻っておいでと伯父のエティエンヌが助言した。そして手本を示すために、一八三一年の夏、伯父は十七歳の甥を連れて三か月の発見の旅に出た。ふたりはオーヴェルニュからプロヴァンスを目指して徒歩で旅をし、道すがら目についた古い教会や歴史的な建物をひとつ残らずスケッチした。ウジェーヌは三十五点の素描を携えて家に戻る。翌年、母親がコレラに罹って亡くなった後、建築家を志す青年はフランスを巡る旅を続ける。今回はノルマンディーを選び、シェルブールからル・アーヴル、オンフルールからルーアンに至る道をたどる。風景と歴史的な建物を写す青年の素描の腕は日を追うごとに上達し、一八三二年の春の公募展に四点が出品されるまでになった。青年はフランスの片田舎の小道で、天職を見いだした。一八三三年にはふたたび三か月をかけてロワール渓谷、ラングドックとピレネー山地を歩き、一七三点の素描を携え帰宅した。

パリに戻ったウジェーヌは素描の教師の職に就き、家族の反対を押し切って玩具職人の娘エリザと結婚する。かれはふたたび旅に出て素描と研究を続ける。今回はシャルトルに留まり、十日を費やして大聖堂をありとあらゆる角度からスケッチした。石造りの古い建物に寄せる青年の愛着は深まるばかり。ウジェーヌは留守宅に長い手紙を書き送る。「内陣仕切りを埋めつくす彫像は、世にも美しい物語を伝えます。［…］目には涙が溢れ、薔薇窓の光に照らされ、ここで最期の時を迎えられますようにと願わずにいられません」。父親は巧みにルイ＝フィリップ国王に息子を売り込み、水彩画二点の制作委嘱をとりつけると、それでイタリア巡遊一年半の旅の費用を賄い、現地で建物を観察し素描する息子なりの建築の修得を続けられるように計らう。ウジェーヌのイタリア遍歴のいずれかの時点で、エリザと新生児が合流することで話がついた。シチリア、ナポリ、ポンペイ、そしてローマでウジェーヌは「まったくの茫然自失」を経験し、建築術への造詣をいっそう深める。当時ローマのアカデミー・ド・フランスの校長を務めていた画家のアングルは若いヴィオレ＝ル＝デュク夫妻を快く迎え、鉛筆でエリザの美しい肖像画を描いた。

建築家になるための伝統的な教育を受けていないウジェーヌはここで疑心に囚われ、不安になる。この先、何を学べばよいのだろう。建築に関わる物理学、幾何学、数学だろうか。ヴェネツィアでは中世に、フィレンツェではピッティ宮殿とサンタ・マリア・デル・フィオーレ大聖堂に魅了された。パリに戻るとウジェーヌは教職に復帰したものの、どうしても心にわだかまるものがある。いつになったら建築の腕前を披露するチャンスに恵まれるのだろうか。その機会はほどなく訪れる。ウジェーヌの才能と情熱は有力な建築家や版元の注目するところとなり、こうした人々がかれを高い地位にある人々に推薦した。
突破口は一八三八年に訪れる。メリメが当時二十四歳のウジェーヌを歴史建造物局に雇用し、フランス南西部のナルボンヌで初仕事をあたえ、続いてヴェズレーの教会堂の修復にあたらせた。メリメと歴史建造物保存委員会が建築家に求めたのは、建物の修復に必要なものを吟味する批評眼と科学の知識だった。古い建物をただつぎはぎ細工で繕う類に用はない。
「修復」というとき、メリメ、そしてヴィオレ゠ル゠デュクも修繕のつもりはまったくない。ふたりの頭にあったのは、そうした歴史的な建物本来の個性、本質を覆い隠すものをはぎ取り、そこに光を当てることだった。[2] 修復は多くの意味で考古学の発掘過程に相当し、建物の古い構造の発見によって原型が明らかになり、後年それらがいかに誤解され、台無しにされてきたかがわかることも珍しくない。中世の建築物については、とくにこれが当てはまる。修復作業を終えるたびにヴィオレ゠ル゠デュクがすぐさま自らの経験と発見した事柄を綴り、専門誌に寄稿して世間に広めたいと感じたのは、おそらくこのためだったのだろう。一八四四年から四六年にかけて、ウジェーヌは「考古学年報」に「キリスト教草創期から十六世紀に至る宗教建築について」、「十三世紀のアーチ型天井の作り方」等と題し、論文八本を寄せた。[3]
現場から現場を渡り歩いて国中を巡り、メリメの監督の下で過ごした最初の数年間に、ヴィオレ゠ル゠デュクは数十、時には数百人の作業員の働く建築現場で、運営、資金管理、会計事務、入札の手続き、関連法規、使用されるすべての資材に関して求められる知識、経費の妥当性の検証法も実地に学んだ。

ヴィオレ゠ル゠デュクは七歳年上の建築家ジャン゠バティスト・ラシュスと親交を深め、歴史建造物保存委員会に連名で新たな尖塔（古い尖塔はいつ倒れてもおかしくない状態だったため、一七九二年に取り壊された）の追加を含むノートルダムの修復計画案を提示することを決意する。機は熟していた。ヴィクトル・ユゴーの『ノートルダム・ド・パリ』のおかげで、世論は厖大な費用と長期の修復工事計画を支持した。市民は政府にそうした計画を行なうよう要求さえした。

ヴィオレ゠ル゠デュクとラシュスがプロスペル・メリメと親しかったことも、おそらく有利に働いたのだろう。委員会は飾らず、行き過ぎることもなく、それなのに求められる高い志も欠くことのないふたりの提案を高く評価した。しかも細部まで徹底的に詰めてあり、調査も行き届き、またそれと同じく重要な資金面にも堅実な配慮がなされていた。二十二点の大判の素描を含む四十四ページからなるふたりの提案は競合する応募作四点を凌ぎ、一八四四年三月に正式に採用され、三十歳のヴィオレ゠ル゠デュクと三十七歳のラシュスは修復設計コンペティションの受賞者となる。

ノートルダムの修復には二十年を要し、その間に政体は君主制から共和制、さらに帝政へ三度の変化を経験する。すべては自ら率いる組織を守るために、折々の政治が標榜する新しい大義を進んで受け入れたメリメのおかげと言ってよいだろう。一八五一年、クーデターによって第二共和政を第二帝政に転ずる前年にルイ゠ナポレオンはメリメに手紙でこう保証した。「ヴィオレ゠ル゠デュクにはなすべきことをしてもらいたまえ。邪魔が入らないように、わたしが目を配る」[4]。メリメは一八五三年には元老院議員となり、配下の建築家を保護できる立場を得た。珍しいことに、ヴィオレ＝ル＝デュクのノートルダム大修復計画はフランスの政治に生じた激動によっても少しも揺らぐことがない。ルイ＝ナポレオンと、そしておそらくは神意がそのように計らってくださったのだろう。

＊

老いた召使いに手を引かれてノートルダムを初めて訪れたとき、ヴィオレ＝ル＝デュクは三歳だった。

堂内は混み合い、わたしはかれの腕に抱かれていた。いきなり南の薔薇窓のステンドグラスが目に入り、わたしはただそれに見入った。陽光に照らされたステンドグラスが、この世のものとも思われない輝きを放つ。大聖堂のどのあたりに立っていたか、今でも思い出せる。すると大オルガンの演奏が始まった。幼い子供だったわたしには、歌っているのはステンドグラスの窓としか思えない。音楽を奏でているのはオルガンだと老いた召使いは言うけれども、薔薇窓が歌っているのはわかりきっている。高音を奏でるのはどのステンドグラスで、どれが低い音を出すか、自分なりに割り振った。まもなく恐ろしくなり、召使いはわたしを外に連れ出さなければならなかった。[5]

ヴィオレ＝ル＝デュクは結論づける。「芸術とのこのように親密な交わりを我々に授けてくれるのは、教育ではない」。

ノートルダムを修復し本来の素晴らしい姿に戻す作業に着手した一八四三年の時点で、ヴィオレ＝ル＝デュクとラシュスの分析結果はどのようなものだったのだろうか。ふたりの考えによれば、十二世紀、十三世紀の建造物は十六世紀から十九世紀初頭に至る間に野蛮に作り替えられた。モーリス・ド・シュリーの大聖堂は「核」にあたり、したがって最も気高く、純粋なノートルダムはそこにある。十三世紀末から十四世紀全般を通じて「表皮」が付け足されたけれども、それは「核」を損なわず、したがってノートルダム本来の清澄さを曇らすことはなかった。[6] 言い換えれば、三つの世紀がモーリス・ド・シュリーの傑作に磨きをかけ、続く三世紀がそれをくすませた。ヴィオレ＝ル＝デュクとラシュスは、これら三百年分の損傷をなんとしても元通りにしようと決意を固める。

ふたりはたとえば、かつてファサードへと続きながら、一五〇七年頃に埋められた十三段の階段をノートルダムに返してやりたかった。時間の経過によって、あるいは人の手によって破壊された本来の彫像群を元通りにしたいと願った。とりわけ、ほぼすべて平凡な鉛管に取り替えられてしまったガーゴイルは、ゴシック美術の精髄であるばかりか、排水管の役割まで担うだけに重要だった。ふたりは参事会に属する神父たちが一七四一年と一七五三年に破壊し、安物の無色のガラスに取り替えた身廊と内陣の上のステンドグラスを復元することも提案した。また、建築家ジャック＝ジェルマン・スフロが大聖堂への行列の入場を容易にするため、一七七一年にあっさり取り壊した中央門扉の「最後の審判」を表現した三角小間を元に戻すことも提案した。さて、残るは尖塔である。

年若い建築家ふたりはまた、大聖堂の歴史と構造に関する新情報をもたらす考古学的遺物が見つかり、近年の損傷をより良く、より確実な典拠にもとづいて修復できるよう願った。

国民議会が第一期修復工事に必要な二百六十万フランの特別予算に賛否の一票を投ずる一方、一八四五年春に着工したときふたりにとって喫緊の課題はふたつあり、それはファサードと彫像に関わる。ヴィオレ＝ル＝デュクは日夜を分かたずノートルダムに通いつめ、隅々まで点検して、中世から伝わる図像を復元するため、その名残を露わにし、素性を明かそうと努めた。専門家と画家が連携して画板に向かい、それぞれの「物語」を伝えるしかめ面や姿態をスケッチした。聖母マリアと聖アンナを象った門扉もふたたび「読み取り可能」にしなければならない。一七九三年の革命の時代に代々のフランス国王と取り違えられ、首を刎ねられた古代ユダヤとイスラエル王国の王二十八体の彫像については、ファサードの上部柱廊の空になった壁龕にひとつ残らず戻してやるつもりだった。

石材の状態があまりに酷い場合には交換したものの、全体としては、これは特筆に値するだろうが、几帳面に元の建材を残した。たとえばファサードに並ぶ三十九本の円柱の柱頭のうち、取り替えられたのはわずか七つにとどまる。綿密に観察したところ、複数の色彩の残滓が見つかった。これは、建立当時のファサードはあちこち赤や黄に華々しく彩られ、中世建築の色遣いは以前からのヴィオレ＝

ル＝デュクの考えどおりだったことを立証した。事実、かれはかねがね中世建築では構造と形態が色彩によってたんに目に鮮やかに映るのみならず、特徴が強調されるのに対して、ルネサンス建築で色を塗るのはほとんどの場合「彩りを添える」のに用いられるにすぎないと見て、このふたつを区別してきた。ヴィオレ＝ル＝デュクにとって塗料は「魔法使い」なのだった。「わずか一筆で見事に構想された建物を台無しにもできるし、見栄えのしない建物を歌わせることもできる」[7]。

ノートルダムのファサードでは、円柱の柱頭と二十八人の王を収めた壁龕のブラインド・アーケードでも見つけた塗料の痕跡を緻密に調べた。そこから鮮やかな赤、緑、黄色に加えて、黒が重要な役割を果たしていたと結論づけた。「黒は凸状の繰形の内側を覆い、背景を埋め、装飾を囲んで、大まかな筆遣いで形態を改めた」[8]。ヴィオレ＝ル＝デュクはファサードの一部、たとえばユダヤの王たちの壁龕や三角小間、門扉のアーチなどは彩色されていたにちがいないと思いながらも、ノートルダムを中世らしい彩り豊かな姿に復元しようと提案することはなかった。おそらく修復用の国家予算には装飾に充てる分がないと知っていたからだろう。

そこで代わりに大聖堂内部の礼拝堂用に一連の色とりどりの模様やその手がかりを用意し、教会とノートルダムの教区民が望むなら費用を賄うように求めた。すると個人からの寄付がぞくぞくと集まりはじめ、身廊と内陣の多くの礼拝堂はこうして塗装される。ヴィオレ＝ル＝デュクの勧めに応じて、年少の同僚、画家のオーギュスト・ペロダンは青と黄金で星の瞬く天蓋を描き、ほの白い壁面には彩り豊かな数字の紋章を散りばめた。ヴィオレ＝ル＝デュクは出来ばえに大喜び。「今でもこうした簡潔な線の美、透き通った色彩が得られるとは夢にも思わなかった。その秘訣はイタリアの修道僧が回廊の奥深くに埋め、永遠に失われたとばかり思っていたから」[9]。

堂内の他の場所では、何世紀もの間ノートルダムを見栄え良くする必要に迫られるたびに慌ただしく塗り重ねられた漆喰や粗悪な白い塗料をすべて剝がしはじめた。薔薇窓のステンドグラスの修復も優先事項のひとつで、聖職者たちの求めに応えるため、ヴィオレ＝ル＝デュクとラシュスは大聖堂の南翼に廊下で内陣に通じる新しい聖具室を設けるように依頼された。ノートルダムはフランス最大の修復工事現場となる。ところが五年後の一八五〇年、建築家たちは休止を余儀なくされる。金庫が干上がったのである。国会はこれまで以上に予算を注ぎこむか否か、投票によって決するよう迫られる。

＊

ノートルダムの修復工事を手がけたおかげでヴィオレ＝ル＝デュクの評判は相当に上がり、フランス国内で委嘱される仕事の数は次第に増してゆく。自由になる時間があれば旅にふり向け、家族はほとんど顧みなかった。古い石造りの建物に寄せる情熱に心を奪われ、それもさして気にならなかったらしい。家族は主人の不在に順応する。愛らしい夫人エリザは作家シャルル・オーギュスタン・サント＝ブーヴの腕のなかに慰めを見いだした。サント＝ブーヴは打ち捨てられた妻の慰撫を特技としたようにも見受けられる。エリザに目を向けたのは、ヴィルトル・ユゴー夫人のアデルとの七年におよぶ情事に終止符を打ってまもないころだった。

中世をこよなく愛し、とりわけゴシック美術に造詣の深いヴィオレ＝ル＝デュクは、中世の建造物の修復ならまずこのひとに頼もうと誰もが思う第一人者になる。カルカソンヌ、サン＝ドニ、そしてトゥールーズに近いサン＝セルナンから声がかかるが、依頼主はそれに限らない。第二共和政（一八四八—五二年）が興り廃れる間に、不穏な政治情勢と予算削減により作業の進捗にやや翳りが見えた。それでもプロスペル・メリメは未来を見通していち早く、とはつまり一八五一年十二月二日のクーデター以前にルイ＝ナポレオンに肩入れし、それによって任された部局の活動に支障を来すことなく、また配下の建築家を守ることができた。

フランスの中世建築は築後すでに六、七世紀を経て危険な年数に到達し、徹底的な修復を必要としていた。目録化された二千四百件の建物のうち千五百件は緊急に手当てを施さなければならず、その費用は一八四八年の年間予算八十万フランの総額に等しい。地方自治体には歴史的遺産のための特別支出を用意する経済的余裕がないため、費用の全額を中央政府が負担するほかない。またそのほかにも、それほど古くなくてもやはり修復の必要な建物があり、たとえばルーヴル宮の修繕費用二千五百万フランのうち、議会は初期費用の二百万フランを支出する案を賛成多数で通過させた。ルーヴル宮の再生に雇用された人員は三千名。実際、メリメは自分の差配する部局はフランス全土で数千名の労働者、職人、芸術家を雇用しており、経済活動全体に寄与する国家規模の教育、職人養成計画を遂行しているとの主張に、ルイ＝ナポレオンは耳を傾けるだろうと見抜いた。反乱を起こしたくてうずうずしている同胞を宥めようとするルイ＝ナポレオンの心算の一部に、大量雇用があったのは疑いない。

一八五一年、ヴィオレ＝ル＝デュクは「建築・公共事業総合誌」に長文の記事を寄稿し、世論、そして議会で世論を代表する人々を説得しノートルダムの修復工事を継続することの重要性、そのためにはより多くの公金を投入するのが不可欠なことを理解させようとした。壁の傷みを隠すために何世紀もの間に塗り重ねられた塗料、石細工、漆喰などを剝がしたときのおぞましい驚きを詳しく綴る。ファサードの大きなひび割れ、防腐作用のある硝石で覆われた飛梁、酸化し穴だらけのテラス、充塡した漆喰の陰で劣化した繰形。文章の主旨は明快で、感情に訴える。ノートルダムはフランス最大、かつ最も金のかかる修復計画になるかもしれないが、一刻の猶予も許されない！

嘆願はルイ＝ナポレオンの耳に届く。ノートルダムのために六百万フランの特別予算が速やかに可決される。フランスの統治者はしかし、建築家の根性はいかほどか試そうとする。一八五二年の新年にノートルダムでテ・デウムを捧げるミサを行なうというのである。ノートルダムを美しく装うのに、ヴィオレ＝ル＝デュクに残された日数は六日のみ。

数百人の職人と作業員が建築家の指示を受け、日夜を分かたず身を粉にして働いた。ここまで短期間となると、やり方はひとつしかない。ヴィオレ＝ル＝デュクは修復中の現場をたっぷりとした布で巧妙に覆い、芸術的な目隠しを施した。ファサードに掛けた足場を取り外した後、門扉の上に黄金の星々をあしらった真紅の天幕を張り、来訪者を歓待する。堂内では、南の薔薇窓をこれまた黄金色の星々を刺繡した薄青色の絹布で覆い、巨大な旗がフランス最大の工事現場を背後に隠して、手の込んだ騙し絵の一端を担う。円柱も黄金の縁飾りをつけてルビー色の絹天鵞絨で包んだ。円柱から円柱へ緑葉を編んだ輪を渡し、身廊を取り囲めば、数百の枝付き燭台が一万三千本の燃える蠟燭を支える。[10]

ルイ＝ナポレオンは仕上がりに至極満足し、一八五三年一月三十日のスペイン王女ウージェニー・ド・モンティージョとの結婚式の会場にもノートルダムを選ぶ。今回、皇帝はナポレオンの戴冠式にふさわしい装飾をヴィオレ＝ル＝デュクに依頼した。ダゲレオタイプ初期の映像に、建築家たちが設計した仮設のゴシック様式柱廊が映っている。柱廊はファサード沿いに延び、シャルルマーニュとナポレオンの騎馬像が目を惹く。さらにいっそう目立つのは大聖堂の双塔の頂きにとまる四羽の巨大な鷲と、鐘楼から垂れる三色旗と黄金の幟。堂内は花々と優美な織物、薄絹、タピスリー、幟、旗、絨毯、ナポレオン家を象徴する黄金の蜜蜂を刺繍した天幕が進行中の修復工事をすっかり覆い隠して、大聖堂をあたかも宝石箱のように見せた。ダイヤモンドを全身に纏う花嫁、准将の軍服に身を固めた花婿のふたりは、これを喜んだと伝えられている。婚礼の儀の翌朝、午前六時、作業員たちは持ち場に復帰した。ヴィオレ＝ル＝デュクも同様だった。

一八五七年にラシュスが急逝し、ノートルダムの修復を仕上げ、新たな尖塔を設計する任務はヴィオレ＝ル＝デュクひとりに委ねられる。フランス皇帝が一八五八年三月、計画案を承認する。古い尖塔は実際のところ小さな鐘楼にすぎず、とくに近所のサント＝シャペルの尖塔と比べた場合、同じようなものを再現したのでは大きさがとても足らない。パリの空を背景にそびえる未来の尖塔がどのような形をとるかに、多くの市民が関心を寄せた。中世の時代、尖塔は視覚的な句読点と見なされ、新たな尖塔の設計に取りかかったとき、ヴィオレ＝ル＝デュクはこのことを頭のどこかで意識していた。かれはまた近代的な工業技術を用いて、構造のバランスと安定感をさらに高めたかった。新たな尖塔は翼廊の四柱の上に乗ることになる。形状は八角形で、角に立つ八本の柱はわずかながら内側に傾き、そのため「目は尖塔の土台から上方の頂点まで、なにものにも妨げられることなく移りゆく」。土台には十二人の使徒と四人の伝道者を三メートル丈の鋳銅で象り、ヤコブの梯子の上に並べることにした。角の柱に載る細長い小尖塔が最上部の星型の底部をなし、羽をたたんだ鷲がそれを飾る。鉛で覆った尖塔の骨組みのあちこちに、排水管の役目を果たすガーゴイルが配される。そしていよいよ風向計の上の頂点には、銅製のはらわたにパリの守護聖人、聖ジュヌヴィエーヴの遺物を収めて雄鶏が立つ。尖塔の建設は一八五八年二月十四日に始まり、一八六〇年冬に完了した。二〇一九年四月十五日の晩まで、ヴィオレ＝ル＝デュクの尖塔はパリの記章であり、フランスの結束を象徴した。あるいは、現在エッフェル塔を担当する主任建築家ピエール＝アントワーヌ・ガティエのことばを借りれば、「尖塔は目印、方向を差し示す指、フランスの脈打つ心臓[11]」だった。

＊

中世の石造りの建物をこよなく愛する一方、ヴィオレ＝ル＝デュクは筋金入りの近代建築家でもあった。いずれの概念もヴィオレ＝ル＝デュクにとってはじつは関連するもので、フランスの未来の世代の建築家には歴史、とりわけ十三世紀の美術史の深い理解を通じて近代性を大切にしてもらいたかった。建築家の卵には「単語を理解するだけでなく、文法と精神も理解するために、母語を学ぶのと同じやり方で」研究するように求めた。ヴィオレ＝ル＝デュクにとって古代ギリシア・ローマは考古学の分野に属したが、十三世紀フランス建築は芸術を学ぶ者にとって入門編にあたる。[12] エコール・デ・ボザールとアカデミー・ド・フランスの学生たちに、中世の様式を模倣するのではなく研究するように、ヴィオレ＝ル＝デュクは熱心に働きかけた。

建築専門誌はもとより、一般読者にも気軽に手に取りやすい「ガゼット・デ・ボザール」等の美術雑誌でもヴィオレ＝ル＝デュクは、たとえば中世の建築家ヴィラール・ド・オヌクール（一二〇〇―五〇年）の非凡な才能を説いた。折しもド・オヌクールの画帖が、一八六〇年にフランスで再刊されたところだった。ヴィオレ＝ル＝デュクにとって、これらの見事な素描は建築家のあり方を示す手本そのもの。技師、発明家、測量士、幾何学者、素描家であるのみならず、「乏しい資金で多くを」なせる者、大勢の作業員を率いることができる者、地主や司教と価格交渉をし、議論し、付き合う者が建築家なのだった。

生涯を通じて、ヴィオレ＝ル＝デュクは同時代人がゴシック美術に対して抱く偏見と闘った。一八七九年、スイスのローザンヌで大聖堂の修復工事に携わるさなか、ヴィオレ＝ル＝デュクが急逝すると、師匠につかず、歴史的建造物と間近に接して学んだ独学のひとを悼み、讃える声が相次いだ。多くの賛辞がヴィオレ＝ル＝デュクは建築の新たな道、新たな時代を拓いたと讃えた。かれが遺したものには自ら編んだ『中世建築事典』、『建築講話』のほか数百篇の科学論考、そして言うまでもなく修復にあたった建築物がある。

ところがまもなくヴィオレ＝ル＝デュクの遺産は晒しものにされる。批判したのはジョン・ラスキン、マルセル・プルースト、オーギュスト・ロダン等の芸術家や作家で、かれらも中世を好みはしたが、目のつけどころが違った。詩的な象徴性に惹かれるかれらの嗜好はヴィオレ＝ル＝デュクの合理的な修復法、その理論の精神と多くの点で対立した。言い換えれば、話す言語が違ったのである。第一次世界大戦後、芸術家たちは十三世紀の建築、美術が単純な複製や鋳造によって修復しうるという見解そのものを非難した。ヴィオレ＝ル＝デュクはかれらの目に贋造者としか映らない。ヴィオレ＝ル＝デュクが実際に行なったのは、中世の優れた建築の作り手から模倣対象ではなく方法論を借りることだったから、ネオ・ゴシックの偽物つくりと見なされたのは、むろん皮肉としか言いようがない。フランスでのヴィオレ＝ル＝デュクの遺産にとってさらに都合の悪いことに、一九三〇年代から七〇年代にかけて、ゴシック美術は見下され、質実なロマネスク美術がより高級と見なされる時代が続いた。

ヴィオレ＝ル＝デュクが美術史家と建築家の間で地位と名声を取り戻すのは一九八〇年代のことで、これには十九世紀の美術、建築に関する新たな研究成果とともに、グラン・パレで大規模な展覧会が催され、ヴィオレ＝ル＝デュクの天才、情熱、知識、才能の多様な側面が展示されたことが大きく寄与した。しかしより広範なフランス社会では、かれの名はもっぱら新中世主義の馬鹿らしさの同義語にとどまる。少なくとも五世代がヴィオレ＝ル＝デュク式の似非ゴシック様式、フランスではまたの名をアンリ二世様式は、本物ではないとの教えを受けて大人になった。事実、ヴィオレ＝ル＝デュクの業績は十九世紀にゴシック美術の流行を煽った劣悪で低級な模倣芸術家といまだに混同されることがある。偏見を払拭するのは容易でない。

＊

四月十五日の火災の後、そして「黄色いベスト運動」をきっかけとする危機のさなか、ヴィオレ＝ル＝デュクに対するこの偏見は、ノートルダムの尖塔再建をめぐる有害な国民的議論を助長した。フランスのメディアは守旧派と近代派、とはつまり尖塔をヴィオレ＝ル＝デュクの設計したとおりに再建するのをよしとする人々と二十一世紀らしさを添えたいと思う人々の対立を煽り、またしても後々悩みの種となりそうな国民同士の亀裂を生む舞台を用意した。国家の神経の安寧にとっては幸運なことに、地上で働く建築家と作業員が一心にノートルダムの軀体を安定させようと努めるのを目の当たりにして、白熱した議論も鎮静化する。

しかし主任建築家フィリップ・ヴィルヌーヴがフランス大統領に建物の診断評価を提示するにおよんで、問題はふたたび浮上する。「わたしは大統領に提案を行ない、そのひとつひとつについて賛否両論を紹介しましたが、どうするか決めるのはわたしの仕事ではありません。わたしに言えることはノートルダムは唯一のものであり、ゴシック様式の他のどの大聖堂にも似ていないということだけです」[13]。火災の翌日、エマニュエル・マクロンが設定した五年以内には再建するという（おそらく賢明ではない）目標についてはどうだろうか。「五年以内にはアーチ型天井と屋根を修復し、参詣者と一般双方のためにノートルダムの門戸をふたたび開くことはできるでしょう。しかしそこまで」とヴィルヌーヴは警告する。

ヴィルヌーヴは個人的には、「特色のある尖塔」と自ら呼ぶもの、つまり見せびらかすための尖塔には賛成しない。ノートルダムがこの世に現われてから八百五十年間、建設あるいは修復に携わった建築家はひとりの例外もなく、自身ではなく建物のために力を尽くした。最初の四人の建築家、つまり大聖堂の「作者」の素性は今もって明らかでない。わたしたちはかれらの名を知らず、かれらは己を建設に携わる職人以上のものとは考えなかったろう。

ヴィオレ＝ル＝デュクそのひとも、自らの仕事を首尾よく本来の中世建築に溶けこませた。ヴィルヌーヴの見るところ、「ヴィオレ＝ル＝デュクの偉大な才能は、かれの仕事が中世建築の作り手たちの仕事とほとんど見分けることができないという事実にある。かれの建てた尖塔を見ても、誰が建てたかわからない。十三世紀のものであっても少しも不思議ではありません」。事実、多くの美術史家がノートルダムを十九世紀に再生されたものであるのと同等に、十三世紀の産物と見なしている。それにもかかわらず、ヴィオレ＝ル＝デュクはまた、最新の革新的な技術をこっそり用いて、年少の同業者の多くに霊感をあたえた。自由の女神像はたしかにノートルダムの屋上に着想を得ている。ヴィオレ＝ル＝デュクが尖塔の彫像作りに用いた精巧な金属の骨組みを鋳造した銅で覆う工法を、オーギュスト・バルトルディはニューヨークに贈る記念碑の制作に拝借した。

ハーヴァード大学大学院デザイン学部の建築学・都市設計学教授を務めるオランダの建築家レム・コールハースは、一九四八年、四歳の年に祖父に連れられて初めてパリを訪れた。ふたりは美術館からカフェへ、カフェからパリの名所の数々を巡り歩いた。「厳かさに心を打たれた。ノートルダムに着くと祖父が大聖堂のあらゆる部分を見せて説明してくれたので、その場にすっかり馴染んだ。パリに来るたびにひとつの習慣、そしてひとつの儀式として、必ずノートルダムを再訪する」[14]。のちに十代になり、コールハースはヴィクトル・ユゴーの『ノートルダム・ド・パリ』を読む。「ノートルダムがなぜ近代を主張し、実際に時代を挑発しながら、同時に象徴でありえるのか、その訳がわかった。あんなに古いものが、どうしてこんなにモダンでありえるのか」。火事の後すぐに降って湧いた新たな尖塔の計画案を、コールハースはどう思ったか。理解しづらいという。「今の時代の思いつきはふさわしくない。ヴィオレ＝ル＝デュクの素晴らしい仕事と考え方を維持するのがなにより大切だ。でも、わたしは楽観している。フランスがノートルダムを粗略に扱うことはないだろう」

蠟燭に火を灯しましょう。

8

一八六五年——オースマンがシテ島を「すっきり片づける」

「砂漠のただなかに現われた象のよう」
ピエール＝マリー・オーザス[1]

第二帝政時代を、パリで、生き延びるにはどうすればよいか！　ルイ＝ナポレオンは伯父ナポレオン・ボナパルトの天才をまったく受け継がなかったものの、抜け目のなさでは人後に落ちず、同胞の心性ならお見通しだった。前半生の亡命生活の大半をロンドンで過ごした関係上、パリよりこちらによほど詳しく、また愛着も深かったにしては驚くべきことに、中世以降の統治者の誰にもましてフランスの首都に大きな影響を及ぼしたといえるだろう。まずは民主主義的な制度の擬制によって権力を確保し、続いてうわべは緩やかな（もっぱら自主規制に頼った）検閲制度を利用し、三つ目には巨額の公金を注ぎこんで、ルイ＝ナポレオンはフランス人を、とりわけパリっ子たちの目を眩ましつづける。それこそ同胞の鼻面を引き回す最良の方法と見抜き、ルイ＝ナポレオンはフランスとその首都を贅沢に「近代化」するための一大雇用計画を国費で賄い、反乱の火種となる同胞の反抗心を宥めた。ルイ＝ナポレオンは、一八三〇年代、四〇年代に「市民王」と呼ばれ、王家に付き物の華美を避けて「人民の王」、あるいはフランス人の呼ぶ「ブルジョワ王」と見られようと極力努めたルイ＝フィリップとはおよそ似ても似つかない姿で登場する。たとえば、何より贅沢を控えて地味を心がけるルイ＝フィリップは、エレガントでもかなり質素な身なりでごく少数のお供を連れてパリの大通りを歩く姿を見受けることもあった。ルイ＝ナポレオンはその正反対を目指す。かれにとって、またフランスにとって華麗すぎるものなどありえない。成り金という言葉はまさにこの男のために作られたようなもの。権力維持の鍵は、後継者問題である。ウージェニー皇后が一八五六年に跡継ぎの男子を産むと、洗礼式の会場には当然ながらノートルダムが選ばれる。幼いナポレオン＝ウジェーヌ、愛称ルルーが次代の生まれながらの統治者として洗礼を受け、お披露目されるのが政治的に最も重要だった。四個一組の鐘、アンジェリーク＝フランソワーズ、アントワネット＝シャルロット、イアサント＝ジャンヌ、そしてドニーズ＝ダヴィッドがさっそくその日の催しのために発注され、ウジェーヌ・ヴィオレ＝ル＝デュクとジャン＝バティスト・ラシュスが三年前にルイ＝ナポレオンとウージェニーの婚礼の儀のために用意した装飾が今回の皇室行事にもふさわしいとの決定がなされる。

ルールーの教父はピウス九世、教母はスウェーデン女王だったが、それぞれコンスタンティノ・パトリッツィ枢機卿代理とバーデン大公妃が代理を務めることになった。ここからもフランスの新王朝がどうやらさほど重視されなかったことが窺える。借金はするに限るとのモットーのままに、ルイ＝ナポレオンは洗礼式の費用四十万フランを借金で賄った。式に備え、皇帝は豪華な白絹の大外衣、上衣、上祭服、肩掛け十二組を参事会に贈る。聖職者は競って式に参列し、大司教と司教八十五名が内陣の席に落ち着く間にも、さらに五千名の招待客が生後九か月の男子の洗礼式に案内された。

＊

ヴィオレ＝ル＝デュクがノートルダムの修復作業に携わり、大車輪で働きつづけて十年が経ったころ、ルイ＝ナポレオンがパリ改造計画の責任者にオースマン男爵を指名する。ふたたびゴシック建築らしい壮麗さを取り戻して生まれ変わろうとする大聖堂を除けば、パリはじつにみすぼらしかった。あるいはルパート・クリスチャンセンが『光の都』に記したように、「都市の骨組みは廃れていまや見る影もない。ルーヴル宮や凱旋門など輝かしい憩いの場も汚物、悪臭、犯罪の芬々たる陋巷に囲まれ、朽ち果てそうな長屋と浅ましい輩の群れのひしめく曲がりくねった裏道のいかがわしい迷路としのぎを削る」[2]。

人口は一八〇一年の五十四万七千人から一八六六年の百八十万人へ、わずか六十五年の間に三倍以上に増えた。一八三二年と一八四九年の二度にわたりコレラが大流行し、合わせて二万人余りの犠牲者を出してなおこのありさま。パリ市内の道路の混雑ぶりは地獄に譬えられるほど悪名高く、日々の渋滞が首都の経済活動を甚だしく妨げた。公衆衛生、下水道の不備、戸外照明の不足など問題も目白押し、どれも緊急に手当てが求められ、いつまでも放置はできない。ルイ十六世、フランス革命、第一帝政、ルイ＝フィリップの治世下でもパリの再整備は試みられた。ナポレオンはアーケードの連なるリヴォリ通りを建設してコンコルド広場とシャトレを結び、セーヌ県知事ランビュトー伯爵は右岸の一部に新たな上下水道を設置したけれども、これらはいずれもその場かぎりの単発的な取り組みに終わり、より深刻で規模も大きな相互に関連する問題の部分的な回答でしかなかった。

パリ全体を視野に収めた抜本的な未来図を描く機は熟した。首都の中心に駅を設ける鉄道の発展によって、簡便な交通網の開発を求める声はさらに高まる。フランスの首都改造は当然ながら厖大な解体計画、土地収用、補償を伴い、費用は天文学的な数字に上るのはまちがいない。まず、市当局がこの見通しに二の足を踏んだ。そんな金はどこにある？　ルイ＝ナポレオンが介入した。資金は銀行から調達する。金額は気前良く、しかし不服申し立ては認めない土地収用に関する法整備には立法府が手を貸した。こうした遠大な計画を俯瞰し、取り仕切るのに、ルイ＝ナポレオンは右腕となる人材を必要とする。適材はボルドーで見つかった。

ジョルジュ＝ウジェーヌ・オースマンはアルザス出身の新教徒の家庭に育ち、ジロンド県知事として辣腕をふるった。聡明、有能、勤勉、厳格、明晰でしかも政治的な野心をもたない。オペラを熱愛しチェロも弾いたが、法律の道に進む。見栄えも大いによろしい。長身、男前、肩幅も広い。ただし魅力に欠けた。ぶっきらぼうなほど率直で、しきたりには虫酸が走る。与えられた仕事は何が何でもやり遂げる。セーヌ県知事に任命されると、一八五三年六月二十九日に直ちに任務に就き、毎朝六時に仕事を始める日課を以後厳格に守りつづけた。ルイ＝ナポレオンはオースマンに大まかな指示を与えた。「目詰まりを起こした市内の幹線道路を切り開き、楽に呼吸できるようにせよ」[3]。ルイ＝ナポレオンがパリにいれば、ふたりは毎日会合を重ねた。

歴史家たちは、オースマンが外科医のように無情に手際よく、ごみごみしたパリを広々とした街にする――ずたずたにしたと言うひともいる――のにことさらこだわった理由として、子供の頃に汚染されたパリで喘息の発作と闘わなければならなかった事実をしばしば指摘する。まず手を着けたのはカルーゼル広場（現在ルーヴル美術館前のピラミッドが建つところ）で、老朽化した長屋と馬小屋の入り乱れるその様をオースマンはかねがね恥ずべきものと考えていた。次に目を向けたのはシャトレを中心とする「大十字路」。北駅と東駅は幾筋かの大通りによってパリの南端とじかに結ばれる。リヴォリ通りについては、東に延長してバスティーユ広場につなげる。一八五九年に完成をみた市街を南北、東西に貫く大通りは街路樹の連なる豪勢な幅広い舗道もあいまって、パリ市民に大喜びで歓迎された。これでようやく風が通る。

一八六〇年代の終わりまでにすべての鉄道駅周辺にさらに二十六キロの長さの大通りが設けられ、凱旋門周辺などの大きな広場は大通りが放射状に広がるように造り替えられた。左岸ではサン＝ジェルマン大通りが東側に延長されるのに伴い、見事な大邸宅が合理的思考と直線尊重の犠牲となり、次々に取り壊される憂き目に遭った。パンテオン周辺の様変わりも著しいが、建て直しが最も徹底して行なわれたのはシテ島で、したがって取り壊しもどこより激しかった。

オースマンはシテ島を忌み嫌った。この嫌悪感は子供時代の悪夢から生じた。「喘息持ちの腺病質な子供は埃が不快でたまらず、汚れた空気に恐れをなし、毎朝自宅から学校へシテ島を横断して通わなければならなかったことが、後々まで心の傷として残った」[4]。不潔と汚物の掃討者、湿気と犯罪の敵オースマンは、ノートルダムとサント＝シャペル、コンシェルジュリーと十六世紀に歴史を遡るドーフィヌ広場の一部を除き、シテ島が中世から受け継ぐ肉体と精神をあらかた根絶やしにした。サン＝ミシェル橋とシャンジュ橋が新たに加わり、川を渡れる場所も増えた。シテ島の南側に建つオテル＝デュー病院と孤児院が取り壊され、大聖堂の前庭のさらに北寄りに移して建て直されたのは、ノートルダム周辺をすっきり片づけるため。掘っ建て小屋に用はない。それに、オースマンは左岸を歩く人々に西、南、東の方角からノートルダムがはっきり見えるようにしたかった。この景観を得るための被害は、住民におよぶ。

愛嬌のかけらもなく威圧的な新築の建物二棟、ノートルダムの真向かいのパリ警視庁とサント＝シャペルに近い劇場跡に建てられた商事裁判所のせいで、数千名にのぼるパリの労働者階級が追い立てを食った。オースマンが介入するまで、シテ島にはおよそ一万五千人が暮らしていた。改造計画が完了したとき、シテ島に住むパリ市民は五千人にまで減少する[5]。オースマンは念願の復讐を成し遂げ、今ではたしかに誰もが楽に息ができるようになった。しかしパリ市内、ほかのどこを探してもこれほどの荒療治は見当たらない。オースマンは一度でも後悔したことはないのだろうか。一九七〇年、かつて中世にヌーヴ通りがあったところが、大聖堂の前庭に明るい色の舗石で示されることになった。これもシテ島の傷ついた記憶を癒す方法のひとつなのだろう。

パリへの仕打ちを咎め、オースマンを裁判にかけることを想像したひとは数多い。とはいえ新しく、眩く、健やかな首都が手に入ったのはもっぱらオースマンのおかげであり、広々とした大通り、麗しい広場、ビュット＝ショーモン公園とモンスーリ公園、ガルニエ設計のオペラ座、バルタール設計のレ・アル（パリ中央市場）、全長六十キロ、ガス灯が照らし、完成後は来訪した外国元首がひとり残らず視察を望んだ大規模な下水道網などは、どれをとってもオースマンの置き土産にほかならない。

オースマンが近隣住民の生活全般を台無しにしたのはたしかだが、割を食ったのはもっぱら非行や売春で食いつなぐ輩、病原菌で汚染された廃屋紛いのあばら家に暮らす連中だった。オースマンはヴィクトル・ユゴーの『ノートルダム・ド・パリ』がロマンティックに描いた中世の過去を脇目もふらずに破壊したが、同時に悪臭漂う路地裏も一掃した。そして今ノートルダムがシテ島の端に百五十年前から変わらず壮麗な孤影を浮かべ、東西南北どの角度からも、誰の目にもくっきり映るのは、ひとえにオースマン男爵のおかげなのである。

数世紀にわたりノートルダムは修羅場に取りこまれ、人生の騒乱に巻きこまれ、パリ市民とともに生きてきた。それがいきなり周囲から切り離され、しかし堂々と、幅百五十メートル、奥行き二百メートルの中世の頃の広さの六倍という巨大な広場に面して建つことになった。十九世紀後半には大聖堂と周囲の関わり方、そして人々の大聖堂の見方が一変する。

オースマン男爵は破壊者であると同等に舞台演出家でもあった。ある評論家には「砂漠のただなかに現われた象」のように、別の者には誰もが愛で、誰もが有するパリの王冠を飾る宝石のようにノートルダムを見せた。誰でもノートルダムに目を向けさえすれば、何ひとつ欠けるところのない姿を堪能できるのは、オースマン男爵の手柄にほかならない。「オースマンのおかげでノートルダムはより読みやすく、より見やすくなり、完全な姿となった」[6]。

9　一九四四年――ド・ゴール将軍とパリ解放

「マニフィカトが高らかに響く。この曲がこれほど熱っぽく歌われたことがかつてあったろうか。しかしながら、堂内ではあいかわらず銃撃が続いている」[1]

一九三九年九月の開戦時、第三共和政の統治は六十九年目を迎えていた。大革命以降フランスが経験した八つの政体のなかで、第三共和政は最も寿命が長く、また打たれ強かった。しかし、それもいつまでも続きはしない。余命はあと数か月。

それはそれとして、第三共和政は一九〇五年の政教分離法によりフランスのDNAに永久に消えることのない刻印を残す。同法は家族の仲を引き裂き、フランス社会に深甚な影響をおよぼした。十九世紀後半、教権に対する強烈な反感が共和主義の旗印となる。政教分離法はフランス人の暮らしのあらゆる側面に、自由思想と教会の保護からの解放の新たな波の到来を予告した。新法はフランス市民の大半に、善悪の判断について心沸き立つ自由の感覚をもたらす。もっとも、聖職者がのべつ愚弄され、辛辣さで知られるフランスの諷刺が好んで槍玉に上げる話題になっても、ノートルダムは信仰の場でありながら、諍いに巻きこまれることはなく、批判の対象からも外された。「共和国は崇拝し畏怖するこの偉大な存在を無視するふりをする。実際には、絶望の淵に立たされればノートルダムに頼みの綱を見いだし、無視したいのに請い願う神にすがろうと試みる」[2]。

ノートルダムのすべての門扉に、内陣の聖職者席に、身廊内のとくに貴重な影像の周囲に防護用の砂嚢が積み上げられ、第一次世界大戦の記憶が蘇るころ、エマニュエル・シュアール枢機卿がパリ大司教となった。パリ市民の誰もがそうであったように、英仏両軍の抵抗をものともせず、ドイツ国防軍がフランス北部にわずか数週間で侵攻を果たした後の一九四〇年六月十四日、大司教もドイツ兵が市中に到着するのを手をこまねいて見守るほかなかった。フランス首相ポール・レノーは六月十一日にパリの「無防備都市」宣言を行ない、トゥールへ、そしてボルドーへと政府とともに撤退する準備にかかる。出発前、レノーは駐仏アメリカ大使ウィリアム・クリスティアン・ブリットを事実上のパリ市長に任じた。

パリのアメリカ人社会はヨーロッパ大陸でも最大で[3]、フランス革命後の国民議会がアメリカ合衆国建国の父のひとりベンジャミン・フランクリンの死去を悼み三日間の国喪を発令して以来、パリとは格別の関係を育んできた。アメリカ大使が占領下のパリに残る唯一の外交官となった今、パリの全権を代表するのはごく自然と思われたにちがいない。元ヨーロッパ駐在新聞特派員、一九三三年から三六年にかけて駐ソ連大使も務めた当年とって四十九歳のブリットは、美人を愛でることでは人後に落ちず、熱烈なヨーロッパ贔屓としても知られる世故に長けた人物だった。ブリットは三か国語を完璧にあやつる言語こそ最良の才と心得る母ルイーザ・ホロヴィッツのおかげで、ブリットはドイツとユダヤの血を引き、つった。

六月十二日にパリを発つ前、ドイツ軍が無防備都市の爆撃を禁ずる国際条約を遵守するか確信できないレノーは、友人ブリットにパリを破壊しないようドイツ国防軍を説得してほしいと懇願した。ブリットはレノーに別れを告げ、運転手に命じてノートルダムに車を向ける。そしてシュアール枢機卿の司るミサに参列する。「会衆席の前列に跪き、愛する国、愛する都市のために涙する彼の姿があった」[4]。ブリットが祈ったのは力添えか、それとも奇蹟か。

決意を新たにしたブリットは陸軍参事官と海軍参事官を派遣し、ドイツ軍総司令官との面会を求めた。当初、ドイツ軍が平和裡に入城することで合意が成立する。ところがポルト・サン＝ドニ付近でフランスのレジスタンスがドイツ軍将校に銃撃を浴びせ、これに激怒したドイツ軍第十八軍司令官ゲオルク・フォン・キュヒラー将軍が翌朝八時をもって、パリに空襲と地上砲による総攻撃を命じる。ワルシャワとロッテルダムの記憶も新しいナチの凄まじい攻撃からパリを守るため、ブリットに残されたのはわずか数時間。ブリットの流暢なドイツ語とフランス語が大いに役立つ。ブリットはフランス政府高官二名を説得してパリの北十八キロに位置する町エクアンに派遣してドイツ側の当事者と会談し、パリを明け渡す条件を取り決める。キュヒラーも矛を収め、パリ爆撃の中止を命じ、協定文書に調印した。「光の都」は一アメリカ人の手で救われたのだった。

その後、ドイツ軍による占領がパリを石に変えた。「ギリシア神話に、女神を攫《さら》おうとしたところ、手を触れると女神が石に変わってしまう男の話がなかったろうか。パリに起きたのは、まさにそれ。

ドイツ軍がやってくると、魂はあっさり抜け落ちた。後に残されたのは石ばかり」[5]と一九四〇年七月三日の日記にこう書き残したのは三十六歳のアメリカの外交官ジョージ・F・ケナンだった。

四年間というもの、パリは深い眠りに落ちたかのように見えた。しかし耳聡い者には、パリの心臓の鼓動が途切れることはない。ノートルダムでは礼拝と式典が引き続き行なわれた。一九四一年五月十八日、十四世紀に作られたノートルダム・ド・パリの彫像の足元に永遠のロザリオ派の献灯が供えられる。その灯火はパリが解放される日まで、昼夜の別なく燃え続けるだろう。ほぼ正確に三年後の一九四四年五月二十一日、ノルマンディー上陸作戦の準備が進むなか、ノートルダムでフランスの魂に公開の祈禱が捧げられる。堂内があまりに混み合ったため、二万五千人のパリ市民が大聖堂の前庭で祈りに加わった。シュアール枢機卿が礼拝を行なう。「我らがパリの聖母、フランスの女王、平和の女王よ、我々の声を聞きたまえ。我々の祈りを聞きたまえ」[6]。

ところが数週間後の一九四四年七月二日、シュアール枢機卿は愚かにも四日前にレジスタンスの闘士によって処刑された筋金入りのドイツ贔屓フィリップ・アンリオの葬儀のミサを行なうことを了承する。ピエール・ラヴァル首相を含むペタン元帥率いるヴィシー政府の傀儡政府の代表者が大挙してドイツ軍の将校と肩を並べてミサに参列し、ヴィシー政府のフランスが公衆の面前で恥をさらすのはこれが最後となる。司教の多くがレジスタンスに加わるのに対し、シュアール枢機卿は政治的に度を越した中立的立場で広く知られた。一九四四年八月、パリが蜂起の意欲に沸き返るのを見て、レジスタンスは枢機卿に姿を消すよう申し入れる。生命の危険に怯える必要はないが、自分が好ましからざる人物であることは承知してほしい。

八月十六日、蜂起が始まる。ドイツ寄りと悪名を馳せるラジオ・パリは責任者らが夜逃げして、突然放送を中断する。反撃が開始されたが、この時期は危険と背中合わせ。レジスタンスは戦闘意欲に装備が追いつかず、首都に駐留するドイツ軍、とりわけ戦車を破壊するには軍備が足らない。反撃の狼煙を上げるのを早まれば、パリは灰塵と化し、市民は血の海に溺れかねない。

レジスタンス諸派は、ド・ゴール将軍の命を受けたフィリップ・ルクレール将軍率いるフランス軍第二機甲師団がパリに到達するのにどれだけ時間がかかるか、気がかりでならない。さらにノルマンディー上陸作戦にも参加した自由フランス軍と同じく、第二機甲師団も最終的にはアメリカ軍最高司令部の指揮下にあり、それが事態をいっそう複雑にした。ド・ゴールの執拗な要請にもかかわらず、ドワイト・アイゼンハワー将軍はパリ解放のために戦力を二分することの可否を決めかねた。フランスの首都の命運は高度な象徴としての意味をもっても、軍事作戦からすれば優先事項ではない。いっぽう二十代の若者が大半を占めるパリのレジスタンスは、ド・ゴール派、共産主義者の別なくじれったさに身を焦がす。

総動員令は八月十八日に発せられる。前夜、レジスタンスのポスターがフランスの首都の壁という壁に貼り出された。それは退役将校と士官候補生、そして「心身壮健なすべての男女」にレジスタンスの「戦列に参加」し、「ドイツ軍とヴィシーの売国奴を見つけ次第攻撃せよ」[7]と呼びかけた。蜂起はこうして八月十九日の明け方に始まる。ノートルダムの真向かいでは二千名の武装警官が警視庁舎に立てこもり、ドイツ軍兵士と戦車めがけて発砲を始める。これをきっかけに、ドイツ軍の装甲車両の通行を阻止するため戦略的に重要な拠点のすべてでバリケードが築かれる。フランス国内軍は市内各地の区役所、省庁の建物、印刷所、新聞社など戦略拠点の占拠に着手した。

その日、ルクレール将軍はド・ゴール将軍との合意の下、アメリカ軍の了承を待たずに少人数の斥候部隊をパリに向けて送り出すことを決めた。八月二十一日、前夜刷り上がった大判の紙一枚のレジスタンス系新聞はパリ市民に、「包囲を維持し、方途を尽くして敵を攻撃せよ」と熱烈に呼びかける。「コンバ」紙の編集長アルベール・カミュは決め台詞を思いつく。「蜂起とは何か？　それは武器を手にした市民である。市民とは何か？　それは国民のうち、決して膝を屈しない者である」[8]。八月二十二日、アイゼンハワーとアメリカ軍野戦司令官オマール・ブラッドリー将軍がついにアメリカ軍第四歩兵師団に対し、ルクレール将軍のパリ解放に加勢を命じる。フランスのレジスタンスはすでにパリの半ばを確保したが、弾薬不足が目立ちはじめ、市民は飢えに苛まれる。

アイゼンハワーとド・ゴールの合意にしたがい、ルクレール将軍率いる第二機甲師団がパリ入城の先陣を切ることになった。少人数の斥候部隊が八月二十四日午後九時二十分に市庁舎前広場に到達する。ノートルダムに対し、鐘を鳴らすようにとの命令が発せられる。午後十一時二十二分、二百五十八年前から大聖堂で最低音を担う大鐘エマニュエルの嬰への轟音が鳴り渡り、少なくとも八キロ四方に届いた。新設されたばかりのフランス国立ラジオ放送局の技師が神父たちに後に続くよう呼びかけ、パリ中の教会の鐘がノートルダムの最大の鐘の轟音に呼応して響きはじめる。

「ノートルダムから轟く荘厳きわまりない鐘の音に、我々は呆然とした。ノートルダムの鐘とともにさらに深い声が聞こえた。『よく考え、弔うのだ、今は素晴らしい時かもしれないが、恐ろしい時でもある』」[9]。ド・ゴール派のレジスタンス活動家、三十五歳のイヴ・カゾーは日記にこう書きつける。八月二十五日、オルレアン大通りに夜明けが訪れるころ[10]、目覚めたパリ市民は地響きを聞いた。オルレアン大通りはパリ南の入城門と左岸を南北に走る直線で結ぶ。フランス軍第二機甲師団の戦車が轟音を立てて通過するにつれ、建物はひとつ残らず震動した。室内ではパリ市民が老若問わず歓喜に弾み、まもなくやってくる解放者を歓迎しようと街路に群れをなす。「誰もが鼓動がひとつとなり脈打つのを感じた。そこには民間人も軍人もなく、ただ心をひとつに合わせた自由な人々がいた」[11]と人ごみに交じりこう記す三十九歳の哲学者の名はジャン＝ポール・サルトル。

「四年間、パリは自由世界にとって呵責であった。それがにわかに磁石となる」[12]。シャルル・ド・ゴールはその瞬間をこう描く。自由フランスの指導者は「パリがフランスの権力の所在を決定する」と知っていた。ということはつまり、同盟国アメリカが介入しなければ、ということ。ノルマンディー上陸作戦以来通過したブルターニュとノルマンディー地方の各地で英雄扱いされ、歓迎されてきたド・ゴールは、イギリスと異なりアメリカ政府がヴィシー政府やその他いかがわしい所謂フランス代表との関係をいまだに維持していることも知っていた。フランス共産党のレジスタンスを警戒するワシントンは、ド・ゴールに手綱を委ねてよいものか、いまひとつ確信がもてない。

それでもド・ゴールにはすべきことがわかっており、できるだけ早くパリに着かなければならないと知っていた。「パリですべきこと。それはひとりひとりの魂を単一の国家意識の発揚に結集しながら、国家の権威を体現する人物を直ちに明らかにし、眼前に示すこと[13]」。

＊

八月二十五日、パリに向かう車中でド・ゴールは「感動に震えつつも平静を保った[14]」。午後四時をわずかに回るころ、モンパルナス駅に到着し、ルクレール将軍からディートリヒ・フォン・コルティッツ将軍の署名入り降伏文書を受け取る。フォン・コルティッツはヒトラーからパリの全権を委任されており、インクはまだ乾ききっていない。誰もがド・ゴールはそのままパリ市庁舎に赴くものと考えた。ところがド・ゴールは行く先にサン＝ドミニク通り十四番地、ナポレオンの墓所のある廃兵院にほど近い戦争省を選ぶ。フランスの新たな司令部と政府の心臓、戦争省こそ今ド・ゴールのいるべき場所であるはずだ。

十八世紀初頭に建てられ、一時はナポレオンの母も暮らした豪勢な邸宅をド・ゴールが最後に訪れたのは一九四〇年六月十日の夜、ポール・レノーを伴ってのことだった。「家具のひとつ、カーテンの一枚、タピスリーの一点さえ位置は変わっていない。大臣の机の上には、電話が以前と同じ場所にあった。すべての省庁について、これが当てはまると報告を受けた。何ひとつ変わらず、何ひとつ欠けていない、国家を除いては。それはわたしが元に戻そう[15]」。

ド・ゴールには緊急に取り組まなければならない優先課題がふたつあった。治安の回復と食糧供給である。午後七時、ド・ゴールはパリ警視庁に赴き、警官隊を観閲した。そこから側近を伴い、有頂天の群衆の間を縫い、徒歩でノートルダムの前庭に向かう。アルコル通りを抜け、アルコル橋を渡り、市庁舎に至ると、そこには全国抵抗評議会が待ち受ける。群衆に向かって一言述べるように促され、ド・ゴールが即興で行なった演説はラジオ技師らの計らいにより生放送された。

今ここで、故郷で、自らを解放したパリで、我々ひとりひとりの抱く抗し難い感懐をなぜ隠す必要があるだろうか。否！　我々はこの深く神聖な感情を土に埋めはしない。我々は今、個々人のあわれな人生を超越した時々刻々を生きている。パリよ！　辱められたパリよ！　挫かれたパリよ！　虐げられたパリよ！　しかし解放されたパリよ！……パリを占領してきた敵が降伏した今、フランスはパリに、故郷パリに帰還する。フランスは血にまみれても、決意は固い。フランスは計り知れない教訓により啓発され、しかしかつてないほど自らの義務と権利に確信を抱き、帰還する。[16]

レジスタンスの多くの指導者から群衆に共和国を厳粛に宣言するよう求められ、ド・ゴールはこう応じた。「共和国が存在するのをやめたことはかつて一度もない。自由フランス、闘うフランスが共和国に肉体を与えた。ヴィシー政権のフランスが過去、そして現在も無効であることに変わりはない。

わたし自身が共和国政府の大統領である。なぜ今さらそれを宣言する必要があるだろうか？」[17]

日暮れに戦争省に戻ったド・ゴールは、その日の犠牲者と捕虜の数の報告を受けた。ドイツ兵捕虜一万四千八百名、ドイツ兵戦死者三千二百名、第二機甲師団のフランス兵六百名と将校二十八名死亡。これらの数字には蜂起の始まった一週間前からの犠牲者、フランスのレジスタンス兵士二千五百名、民間人千名を加えなければならない。[18]

ド・ゴール将軍は国民のみが人を王にできると知っていた。明けて八月二十六日の午後、ド・ゴールは市民の前に姿を現わし、かれらの信頼を勝ち取ろうと試みる。凱旋門からノートルダムまで歩き、勝利を祝うテ・デウムのミサに参列する。フランス国立ラジオ放送局が無線でニュースを伝えつづけたため、公共、私営の交通機関が運休していたにもかかわらず、早朝の報道によると、イル・ド・フランスの名で知られる周辺地域の多くの住民は、その場に居合わせようとパリを目指して歩きはじめた。

＊

第二機甲師団は戦車を凱旋門、コンコルド広場、ノートルダムの前庭に配置した。危険を懸念しない者はひとりもいない。ドイツ空軍はパリ北部に依然として航空機多数を保持し、首都にはヒトラーにあくまで忠誠を誓うドイツ軍狙撃兵が今も潜伏する。午後三時、ド・ゴールは腰に拳銃を挿したレジスタンス兵士、制服姿の憲兵に囲まれ、さらには共和国のしきたりに則り、首の周りに金鎖を巻いた廷吏まで引き連れ、一九四〇年六月以来初めて無名戦士の墓にふたたび火を灯した。「夢がついに叶ったようなもの[19]」。ド・ゴールはのちに回顧録にこう記す。

続いてド・ゴールは振り返り、シャンゼリゼ通りに目を向ける。「ああ！　これこそ海！　巨大な群衆、おそらく二百万にもおよぶだろう。屋根にも窓にもひとが鈴なり、ありとあらゆる街灯、旗竿、梯子にひとがよじ登る。見渡すかぎり、太陽の下、三色旗の下にひとの波[20]」。ド・ゴールは胸を張り、落ち着いた足取りでシャンゼリゼ通りを下ってゆく。ド・ゴールは群衆が自分のためにそこにいると知っていた。ド・ゴールはかれらの希望を象徴する。兄弟のように親しみやすく、一致団結した国家の姿を体現しなければならないことを理解した。「周囲の大勢は敵の攻撃を恐れたが、わたしは今日にかぎり、フランスの幸運を信じた[21]」。

ド・ゴールはくりかえしかれの名を呼び、筆舌に尽くしがたい歓喜に酔い痴れる群衆に囲まれて歩みつづける。「時代のなかのこの瞬間に、何かが起こりつつある。それは国民の意識に生じるある奇跡のひとつ、ときには数世紀の時を越えて訪れ、フランスの歴史を折々明るく照らすあの行為のひとつなのだ。ただひとつの思い、ただひとつの精神、ただひとつの掛け声にまとまる人々の集いに意見の相違は霧消し、個人は消滅する[22]」。ド・ゴールは群衆に親しみやすい身振りで応えるばかりでなく、通りすがりに歴史的人物の銅像にも挨拶を送った。第一次世界大戦当時のジョルジュ・クレマンソー首相、そしてジャンヌ・ダルク。ド・ゴールは周囲に目をやり、シャンゼリゼ通りからルイ十六世とマリー＝アントワネットの首が転がったコンコルド広場へ、テュイルリー宮沿いをナポレオン・ボナパルトに思いを馳せながらルーヴル宮へ、そして市庁舎に至ってパリ・コミューンの記憶を新たにし、あたかもフランスの歴史を貫くような歩みを深く心に刻む。「石造りのこれらの建物、これらの街路に凝縮された歴史が、今日、微笑むように思われる。そして我々に警告もする」[23]。

市庁舎前で、アメリカとイギリスから派遣されたカメラ技師たちの見守るなか、ド・ゴールは隊列を視察した。イメージは重要である。ド・ゴールはワシントンがニュース映像を徹底的に吟味することを熟知していた。

ノートルダムでのテ・デウムのミサ、この日最大の盛り上がりは午後五時に予定されていたが、ド・ゴールは早めに到着した。大聖堂は何時間も前から満員で、遅れてやってきて堂内に入れなかった多くのパリ市民はノートルダムの前庭か、または右岸の市庁舎とシテ島を結ぶアルコル橋かアルコル通りで将軍を待ち受けた。

アルコル橋の上には、母親と「どうしてもその場に居合わせたいと言い張る[24]」盲目の父親に連れられた八歳のマルグリット＝マリー・ペレソンもいた。前を通り過ぎるド・ゴールを見て、少女は「まあ、なんて男前なの」と声を上げる。十二年後、二十歳になれば、当時を思い起こして頰を赤らめるだろう。「偉人」を目の当たりにした興奮もまだ冷めやらぬうち、少女は立て続けに響く銃声を聞いた。

誰もが舗道に身を伏せ、マルグリット＝マリーの母親は娘に祈るよう促す。少女が頭をもたげるたび、母親は娘の頭を地面に押しつけ、祈りなさいと命じる。「あれほどたくさんアヴェ・マリアと唱えたことはありません」。マルグリット゠マリーはのちにこう回想する。

大聖堂の向かいの前庭には、第一次世界大戦の戦場を知るジョルジュ・ドラリューが妻と幼い息子を連れて立ち、大聖堂の北塔の上部柱廊に男たちの姿があるのに気づき、アルコル通りからやってくるド・ゴールに群衆の送る歓呼の声を聞きながら、いったい誰だろうかと不審に思った。まもなく二発の銃声が聞こえ、続いて前庭に陣取った第二機甲師団の迎撃が響く。「ド・ゴールの暗殺を狙ったものだろう。そうにちがいない」[25]。自転車の陰に身を屈め、ジョルジュ・ドラリューは家族を連れてゆっくりその場を離れ、プティ・ポン橋を渡って左岸に向かい、サン゠ジャック通りの薬局に避難したと思う間もなく、血まみれの婦人が運びこまれてきた。

ヴェジネ嬢は午後一時四十五分からノートルダムの堂内前方の席に座っていた。「何があってもこれだけは見ておかなくては」。ヴェジネ嬢はド・ゴールをすぐそばから見られるように身廊の前方、通路沿いの最前列を選んだ。四時を過ぎてまもなく、ヴェジネ嬢と大聖堂にいた群衆が中央門扉の外が騒がしいのに気づくと同時に銃声が鳴り渡り、将軍が姿を現わす。「ド・ゴールは祭壇に向かい、身廊を歩んでゆく。みなが銃撃を恐れて身を屈めたりうずくまったりしているのに、ド・ゴールは平静そのものでした」。銃弾はいまや大聖堂の内部、大オルガン付近の上部柱廊から発射される。「騒ぎに少しも惑わされず、ド・ゴールが落ち着きはらっているのを見て、信徒席のわたしたちも元の姿勢に戻りましたが、銃撃はまだ止みません。とても現実とは思えませんでした」。シュアール枢機卿の姿がどこにも見当たらないのは、司教代理と参事会員にド・ゴールを迎える任を委ね、とうに立ち去っていたからである。案内役に導かれ、ド・ゴールは祭壇脇の真紅の大統領席に着席した。

二十七歳のラジオ局員でジャーナリストのレーモン・マルシヤックは、初仕事かつ初めての生放送の準備に余念がない。マルシヤックはかさばる機材を携えて仕事柄早めに現場に入り、上部柱廊の聖歌隊席のそばに身廊をパノラマのように見渡せ、なにものにも妨げられずに階下の会衆をくっきり望める場所を見いだした。放送を開始すると同時に銃声が響く。マルシヤックがときに息を弾ませ、喘ぎ、割れる声で行なった生中継の放送から抜粋してみよう[26]。狙撃兵の間近、上部柱廊の床に身を伏せて行なった放送内容である。

［重々しい銃声にかぶせて］ルクレール将軍の勇敢な兵士たちが、群衆めがけて銃撃する臆病者どもを倒してくれるとよいのですが。今、ド・ゴール将軍が入場してきました［銃声と拍手］。将軍が椅子の配置を変えています、奇跡的に攻撃を逃れました。銃撃と混乱にもかかわらず平静至極の将軍が内陣に向かって進んでゆきます。聖具室係が大統領席に案内し、今まさに［銃声］、今まさに［銃声］我々の目の前に共和国の大統領がいらっしゃいます。銃弾を雨あられと浴びても、少しも動じる様子はありません。まったく素晴らしい［銃声］。会衆は身をかがめて、信徒席の下に身を隠しています。会堂全体に動揺がひろがり、騒然とした状況ですが、参事会員の皆さんがやってきました［銃声］。将軍は周囲の騒ぎに気がつかないようです。将軍の冷静沈着ぶ

りはじつに目覚ましい。会衆はまた立ち上がり、元の席に戻ろうとしています、将軍に歓声を浴びせながら。門扉が閉じられようとしています。ルクレール将軍の率いる兵士たちの手によって、秩序は回復された模様です。

大聖堂の内外に銃声が散発的に響く間、マニフィカトの楽の音が高らかに鳴り渡る。レーモン・マルシヤックはラジオの生放送でそのことをたしかに伝えた。「会衆がマニフィカトを歌う間にも、今も大聖堂内にとどまる狙撃手たちを倒そうとして、ルクレール将軍の兵士たちが堂内に入ってくるのが見えます［マニフィカトの歌声］。まったく異例の状況です。ここに集う皆さんの、恐れを見せず、フランスの新しい指導者への親愛の情のみを示そうと努める心境たるや、まったく想像を絶していますす」

ド・ゴール将軍は自信たっぷり、落ち着きはらっているように見えたかもしれないが、儀式がどれほど素晴らしく思えたとしても、終わらせる必要のあることは重々承知していた。自分を見るために集まってくれた市民の身に迫る危険があまりに大きくなりつつあったからである。将軍自身はこの数分を次のように回想する。

ノートルダムの正面に到着したまさにその瞬間、銃弾が発射された。動揺して慌てないことが肝要だった。そこでわたしは銃撃が行なわれている大聖堂に入場した。内陣に向かって歩むと、人々は身を竦めながらではあったが、歓声を上げた。わたしは席に着いた。司祭と参事会員は聖職者席にいる。マニフィカトが高らかに響く。この曲がこれほど熱っぽく歌われたことがかつてあったろうか。しかしながら、堂内ではあいかわらず銃撃が続いている。銃弾がアーチ型天井に撥ね返り、石材の破片が会衆の頭上に降り注ぐ。マニフィカトが止んだら、ミサを終えなければならない[27]。

ド・ゴールが起立し、人々は脇を往く将軍に喝采と歓呼の声を送る。手に接吻する者もあった。ド・ゴールは大聖堂の外に出るとルクレールと二言三言ことばを交わし、サン＝ドミニク通りの新たな本拠に車で向かう。後刻、ドイツ空軍がパリのあちこちを爆撃し、五百軒の家屋を破壊し、千名の民間人を殺傷した[28]。ド・ゴールはこう記す。「今宵、数多の混乱の末に、周辺はことごとく鎮まった。今こそまさに成し遂げられたことを確かめ、これから始まろうとすることに目を向ける時だ。今日は国民の結束が優った[29]」。

10

二〇一三年——ノートルダムの鐘

「響きに満ちたこの島」

二〇一三年三月二十三日、パリ市民《パリジャン》は棕櫚《しゅろ》の主日の朝食をとりながら、「ル・パリジャン」紙を読みそのことを知った。同日夕刻午後六時、ノートルダムの新たな鐘が一六八六年より南塔に下がる由緒ある大鐘エマニュエルとともに初めて鳴らされる。すべての鐘が一斉に鳴るのは歴史的、音楽的にも画期的な出来事で、これを逃がす手はない。

家族連れは百万に近い観光客とともに、二月には間近から鐘を眺めることができた。それぞれ直径およそ二メートルの鐘はノートルダムの身廊に展示され、誰でもこれに見惚れて差し支えない。いずれにしろ、鐘はまもなく南北の塔に運び上げられ、少なくとも三百年はそこに留まることになる。となれば見られる間に拝んでおくに如くはない。

過激なフェミニスト集団FEMENまで、九つの輝かしい鐘に引き寄せられる。二月十二日午後、黒のロングコートに身を包む八人の若い女性が、群衆に気づかれることなく大聖堂に忍びこんだ。鐘に充分近づいたところで、八人はいきなり安全柵を飛び越えコートを脱ぎ捨て、黒いサテンのキュロット一枚を残して素裸になる。そして、木の棒で鐘を叩きながら、「教皇なんか、もういらない！」と叫んだ。のちに法廷で彼女らはベネディクト十六世がつい先頃、思いがけず退位したのを祝うつもりだったと述べた。大聖堂の警備員は女性たちの裸体を覆い、外に連れ出そうとした。不運な若い女性一名が小競り合いのさなか、歯を一本折った。

＊

九個の鐘は一月三十一日、特別輸送隊によってシテ島に到着した。無蓋の荷台二輌を連結したクレーン付きのトレーラーにそっと並べられ、巧みに固定され、きらめく青銅の鐘はノルマンディー地方ヴィルデュー＝レ＝ポエルの鋳造所を明け方に出発し、高速道路を四時間走行してパリに到着した。この旅の間、フランスの運転手たちはクラクションを鳴らして感謝の意を表した。パリの西の玄関口ポルト・マイヨからはノートルダムのパトリック・ジャカン司教が屋根なし二階建てバスに乗り込み、警察のオートバイ隊と最終目的地まで伴走した。鐘はしずしずとシャンゼリゼ通りを進み、ルーヴル宮前を経てノートルダムに向かう間、まばらに列をなし、微笑みを浮かべ歓声を上げる人々の喝采を浴びた。

鐘を愛する人々、鐘鋳造師、ありとあらゆる種類の演奏家が、首を長くしてこの瞬間を待ち焦がれた。一七六九年以降、大聖堂の鐘が一度も調子を合わせて鳴っていないなどということがあってよいのだろうか。さらに悪いことに、一八五六年からは鐘のうち四個が出来の悪い代替品に交換され、敏感な耳に毎回苦痛を強いてきた。ただしそうと知る、あるいは気づいたパリ市民はほとんどいない。つまるところ、その時々に聞こえる鐘の音を、一七六九年にノートルダムの鐘が奏でた完璧な音色と比べようにも手立てがない。誰もが不協和音に、愛しいけれど耳障りな老いた親戚の声のように馴染んでいた。

フランス革命はノートルダムの鐘にことのほか辛く当たった。さてその鐘のうち、当初からある二十個はふたつの塔と尖塔に振り分けられていた。いくつもの鐘が立体的な二等辺三角形をなして配置され、重量と鳴り方にふさわしい異なる高さに吊られているため、格別に深みのある音色が得られる。とはいえ、一七九二年にノートルダムが耳障りな音を立てたのはまちがいない。十六個の鐘が取り外され、融かされて、若い共和国のため、大砲と硬貨に作り替えられた。このときお目こぼしにあったのはエマニュエルと北塔の三個のみ。[2] そして小さな鐘を備えた尖塔は倒壊の恐れがあり、結局は取り壊されることになった。ウジェーヌ・ヴィオレ゠ル゠デュクが一八四四年から六五年にかけて手がけた画期的な復元工事によりノートルダムは尖塔、奇怪なガーゴイル、ファサードにユダヤの王の並ぶ回廊に加えて中世の香り高い見事な装飾の数々を取り戻したけれども、奇妙なことに、鐘だけは革命前の栄光を回復するに至らない。これにはさらに百六十年の時を要する。

八百五十回目の誕生日を祝し、ノートルダムは自らに贈り物を買い与えることにして、このときばかりは国家にびた一文請求しようとしなかった。個人から寄付を募って集めた二百万ユーロを元手に、九個一組の鐘がヨーロッパで最も優れた鋳造所に発注された。[3] ヴィルデュー＝レ＝ポエルのコルニーユ＝アヴァール鋳造所が八個を受注し、オランダはアステンのロイヤル・アイスバウツ鋳造所が重さ六トンの「小さな」大鐘マリーの制作を任された。[4]

ヴィルデュー＝レ＝ポエルでは、フランス最後の鐘鋳造師のひとり、ステファヌ・ムートンが作業の監督にあたった。八・五トンの青銅合金（銅八割、錫二割）をおよそ九時間かけて溶融させ、鋳型を厳かに祝福した後、まず三個の鐘が鋳造された。神父たちが鋳造所から立ち去る間に、ステファヌの率いる十二名のチームは装備――分厚い手袋、つなぎ服、長いフェイスガード付きヘルメット――を調える。全員が準備万端、親方の合図を待つ。「よし、始め！」ステファヌが鋳造所の炉の小さな扉を開き、こう叫ぶ。ほんの数分で融けた金属が鋳型に満ちる。動作は正確、迅速でなければならず、ガスが漏れれば直ちに火を点けて爆発を防ぎ、金属が落ち着き、動きを止めればすぐに鋳型を封印する。緊張を強いられる、危険と隣り合わせの時間がひとしきり続く。「ダニエル、後ろに下がれ！足元だ！　下がれ！」工房の奥で働く同僚が溶解した金属に近づきすぎたのを恐れ、ステファヌが怒鳴りつける。作業の完了が告げられ、全員が拍手を始めた。「いつでもそのときかぎりのように感じる」。昂る感情に喉をつまらせながらステファヌが言う。「なぜかって？　いつだって前のとは違うからさ、魔法のようで、しかも厳かだし、この鐘はノートルダムのためだからだよ。考えてもみたまえ。鋳造所で鐘を作るわたしでさえこれほど心を動かされるとすれば、パリで鐘が鳴るのを初めて聴くひとはどんな気持ちがするのだろう」[5]

鐘の彫刻家ヴィルジニー・バセッティは図案を考え、素焼きの鋳型に白のチョークでまず鐘の冠と胴部の飾りをスケッチした。そして躍る焔、信仰と情熱の焔が鐘の周囲を取り巻く図を思い描く。聖アウグスティヌスの自戒「わたしは巡礼者が探し求める道である」が冠に記される。さらに十字架をいくつか、そしてそれぞれの鐘の名の下に幼子を抱く聖母マリアも描くだろう。

鐘の名の選択には慎重を期した。ガブリエルはイエスの誕生を聖母マリアに予告する大天使の名を帯びる。アンヌ＝ジュヌヴィエーヴは聖母の母とパリの守護聖人にちなむ。ドニは三世紀の初代パリ司教、マルセルは四世紀の第九代パリ司教、エティエンヌは初期の殉教者とノートルダムが建つ以前にその場所にあった古い聖堂の名、ブノワ＝ジョゼフはベネディクト十六世、本名ヨーゼフ・ラッツィンガーを、モーリスはノートルダムを構想し、建設資金を用意したモーリス・ド・シュリー司教をそれぞれ讃え、ジャン＝マリーはユダヤ教から改宗し、一九八一年から二〇〇五年までパリ大司教を務め、多くから愛されたジャン＝マリー・リュスティジェ枢機卿を偲ぶ。これら八つの鐘の総重量は十六・六トンにおよぶ。マリーは一三七八年鋳造のノートルダム初の大鐘にちなんで名づけられた。マリーは、ルイ十四世自身が命名したエマニュエルとともに南塔に設置されることになる。

鋳造師たちが鋳型を取り外し、研磨し、パウンス粉をまぶすとようやく鐘は艶やかな、輝かしい銀色の衣をまとって姿を現わす。いよいよ音響スペクトルを調べる時が来た。鐘にはそれぞれ独特の音色があり、特定の音程に調律されている。鋳造所のポール・ベルガモが後世のために音響スペクトルを記録した。マリーとモーリスが嬰ト、ガブリエルとジャン＝マリーは嬰イ、アンヌ＝ジュヌヴィエーヴが口音、婴ハがドニ、婴ニがマルセル、ブノワ＝ジョゼフの婴へ、そしてエティエンヌの婴ホ——どれも互いに、そして最古参の、新しい仲間の到着を首を長くして待ち受ける大鐘エマニュエルと調和する。

エマニュエルがクリスマスの真夜中や特別な国家行事など、稀な機会にかぎって鳴らされるのに対し、その他の九個の鐘は日々五度の礼拝（日曜は七度）のたびに用いられるほか、無論、正時ごとに鳴り渡る。

＊

二〇一三年の棕櫚の主日の午後五時三十分、ノートルダムの前庭は大聖堂の新しい声を聞こうと集った厖大な群衆ですでに立錐の余地もない。家族連れも多ければ、観光客も多かった。左岸では市民が風向きに合わせて指をかざし、鐘の音を聴くのに最良の位置を論じ合う。モントベロ河岸に建つサン＝ジュリアン＝ル＝ポーヴル教会のささやかな庭園にも人が溢れる。どの橋にもやがて街路にこぼれ出た見物人が群がった。前庭に立つことの利点は、塔内の新しい鐘を大写しにした映像を投影する巨大なスクリーンが据えつけてあること。

すると鳴り出した。午後六時六分過ぎ、ジャカン司教の短い挨拶の後、北塔の最初の一対の軛《くびき》が緩やかに動きはじめ、錘舌が鐘を打つ。初めはゆっくりと、次第に勢いよく、あたかも気分が乗ってきたかのように。別の一対が加わり、巨大なスクリーンの上で揺れる。拍手の後、静寂があたりを覆う。パリは遠い過去、革命前の過去から届く和声に耳を傾ける。街頭ではパリ市民がノートルダムに目をやり、続いて顔を見合わせ、微笑みを交わす。新しい鐘の奏でる心地良い音を畏まって「あー」、あるいは心ときめかせて「おー」と評するものがあれば、これは明らかに演奏家と思しい人々が鐘の音の違いを聞き分ける。「いま鳴ったのはガブリエルよ！」と母親が子供に声をかける。群衆のなかには目を潤ませるひとも少なくない。ステファヌ・ムートンの予言は的中した。

揺れて、鳴る鐘には、心の奥底を震わせ歓びで満たす何か、子供のように無邪気で屈託なく、底抜けに明るく懐かしく、過去と現在を繋ぐ何かがある。ヴィクトル・ユゴーは『ノートルダム・ド・パリ』のなかでノートルダムの鐘についてこう記した。「何につけても鐘の音が響く。昼前の長いセレナーデは一時課から終課まで続く。大ミサには鐘楼の鐘が鳴り、婚礼や洗礼にはいくつもの小振りな鐘が豊かな音階を奏で、千変万化の魅惑的な音が溶け合い、華麗な刺繡を縫いあげる。古《いにしえ》の教会は全身を震わせ鳴り響き、永遠に鐘の音を歓ぶ」。

ユゴーはカジモドの感じた昂りについても記している。カジモドは耳が聞こえないけれども、大聖堂の鐘と息を合わせて生きた。

鐘を揺らしはじめるとき、手許でいくつもの鐘が動くとき、オクターブが枝から枝に飛び移る小鳥のように朗々とした音階を上昇、下降するのを聞くことは叶わなくとも目で見るとき、また悪魔の音楽、フーガの迫奏、トリル、アルペジオの艶やかな束を揺するあの悪魔が哀れな聾を虜にするとき、かれはふたたび幸せになり、すべてを忘れ、かれの心臓はふくらみ、顔は微笑む。[6]

フランスの中世学者ジョルジュ・デュビーなら、フランスの十二世紀、十三世紀美術にみなぎる静けさ、「歓びの微笑む表現となった」[7]ゴシック美術を引き合いに出してカジモドの心の昂りを、そしてノートルダムの鐘の音を聴くたびにわたしたちの顔に浮かぶ笑みの訳を説いたろう。つまるところ、ゴシック時代の夢は「光の秩序を利して典礼の祝福のもたらす本質的な一体感を引き出し、すべての祭司が声をひとつに揃え、すべての身振りが声のように調和し、すべての声がひとつの声として高まるような」[8]さまざまな要素の響き合うものだからである。

ノートルダムの鐘のもつ意味合いは、むろん日々その音を聴く単純な喜びにとどまらない。ノートルダムの鐘は過去八百五十年にわたりフランスの歴史に同行し、国を挙げての悲しみ、勝利の歓びの伴奏を担ってきた。レジスタンスの闘士で歴史家のアンドレ・シャンソンはこう記す。

我々の栄光と敗北、我々の勝利と災難のこだまはつねにこれらのアーチ型天井の下に鳴り響いた。我々は死者のためにつねに鐘を撞き、我々の怒りの警鐘、我々の歓びのカリヨンを塔の大鐘で鳴らした。無神論者と信者がそこで同じ記憶を分かち合う。なぜならそれはフランスの記憶だからである。[9]

二〇一五年一月八日正午、氷雨の降るなか、数千人のパリ市民がノートルダムの前に集い、「シャルリ・エブド」襲撃事件で亡くなった人々を悼む鐘の音を聴いた。鉛筆を手にするひとが多いのは、前日イスラム過激派に殺害された漫画家に弔意を表すため。とくに目立ち、人の心をひときわ痛切に打つのは、筋金入りの無神論者でしかもその多くは熱烈な反教権主義者たちの死に対して、カトリック教会がこれほどの悲嘆を表わしたことだった。諷刺雑誌「シャルリ・エブド」は日頃から徹底して宗教に反発し、とくにカトリック信仰には批判的だったのに、寛容なノートルダムは少しもそれを恨む様子はない。十か月後、ノートルダムは二〇一五年十一月十三日のパリ同時多発テロ事件の犠牲者百三十名を悼み鐘を鳴らしたが、このときもまた天国を信じる者と信じない者を選り分けようとはしなかった。

＊

鐘と大オルガンはノートルダムの日々の営みと歴史につねに大きな役割を担ってきた。一七八九年のオルガン奏者は抜け目なく「ラ・マルセイエーズ」と革命歌、革命曲のみを奏し、革命派によるさらなる破壊からノートルダムをほぼ独力で守り抜いた。

十三世紀以来ノートルダムは聖歌隊を有し、聖歌を教える学校でもあって、今日では歌手百六十五名、教師三十五名、オルガン奏者四名を抱える。この「無形遺産」は二〇一九年四月の火災以降、なぜか忘れ去られている。今日、修復工事の続く間、鐘は音無しの構えだが、ノートルダムの聖歌隊は避難して、生き延びるために世界を旅して回らなければならない。幸いなことに、かれらには友人も多い。

　ヴェロニカ・ワンド＝ダニエルソンもそのひとり。駐仏スウェーデン大使は火災の晩、カイロで誕生日パーティーに招かれた。「わたしたちは途方に暮れました。ディナーは唐突に中断され、わたしたちはただ信じられない思いでテレビに見入ったのです。わたしたちの多くは老練な外交官でしたが、それでも涙を浮かべていました」とヴェロニカは数か月後、当時を回想した。「カイロの街路を往く人々も、深く心を傷めているようでした。かれらにとってもノートルダムは身近な存在だったのです。かれらはノートルダムをヨーロッパのピラミッドと見なしていました。クフ王のピラミッドが今にも崩れ落ちて、消え失せてしまうかのように……」[10]

　パリのスウェーデン大使館はノートルダムととくに縁が深い。十二月十三日、スウェーデンの守護聖人、聖ルチアの祝日、王立ストックホルム合唱団がノートルダムの合唱団とともに大聖堂内でコンサートを行なう。「わたしたちは伝統を守ろうとすぐに決めました。コンサートをたとえばアウグスト・ストリンドベリ広場と隣接するサン＝シュルピス教会のようなパリ市内のどこか大きな教会で以前と同じように続けることにしたのです」。もっともヴェロニカ・ワンド＝ダニエルソンにとっては縁をただ保てばよいというものではない。スウェーデンは何かしら有意義な方法で、ノートルダムを手助けしなければならない。火災によってノートルダムの聖歌隊と学校はすべてを失った。楽器、楽譜、白衣はもとより、それに輪をかけて重要な年間五十回の満員御礼のコンサートと千回の宗教行事を行なう場も今はない。スウェーデンのステファン・レフヴェン首相と駐仏大使は、イケア、エレクトロラックス、サーブなどのスウェーデン企業と連絡をとり、さらに多くの企業からの協力も得て百万スウェーデン・クローナを集め、[11]ノートルダムの聖歌隊に寄付した。「送金がきちんと行なわれたか、この目で確かめたんですよ」とヴェロニカは微笑みながら言う。

大聖堂の建物と音楽がノートルダムを「総合芸術」にした。ノートルダムがクロード・モネからオーギュスト・ロダン、ヴィクトル・ユゴー、マルセル・プルースト、さらにはジークムント・フロイトまで数多の芸術家、思想家に霊感をあたえた由縁はおそらくそこにあるのだろう。かれらの作品はじつに大聖堂さながらに構想され、築かれた。

11

二〇一九年——ノートルダムの再建をめぐる争い

「大聖堂を以前にもまして美しく建て直そう」

エマニュエル・マクロン[1]

今一度大聖堂の見回りに出たジャン＝クロード・ガレ准将が、祭壇の残骸に載った日課集をまるく照らす光線に気づいたのは午前二時。埃の積もったページから「希望」の一語が准将の目に飛びこんできたが、ノートルダムを倒壊から救ったのは准将の「決意」と生命を捧げることも厭わない数百名の消防士たちの不屈の「闘志」にほかならない。フランス南西部ヴァンデの海辺、「傭兵の土地」で生まれ育った准将は神を信じない。無神論者にとって、奇蹟は偶然にすぎない。

ガレ准将と配下の消防士たちが一晩中見回りを続け、延焼を防ぐ手立てを講じる間、数千人のパリ市民と観光客は眠ることもできず、ノートルダムに向かって夜通し寄せては返すひとの波が途切れない。誰もが夜を徹してノートルダムに神の加護を願い、ノートルダムの負った損傷に目を凝らす。夜が明けると、双眼鏡を手にする人々には南の薔薇窓の色彩や動物の姿の見分けがついた。誰もがくりかえしノートルダムを見やり、衝撃を受けながらもほっとして、じっと見入る。ステンドグラスの鉛の縁取りは融けなかったのか？　薔薇窓はいったいどうやってあの灼熱地獄をくぐり抜けられたのだろう？　まったく奇蹟というほかない。

新たな一日には悲嘆と目覚ましい朗報がともに溢れるだろう。ノートルダムの聖具室の屋根に棲みついた蜜蜂は、まもなく巣から出入りするのが目撃された。この報せは、生物学博士号をもつ三十三歳の養蜂家シビル・ムーランが、望むべくもないと諦めた願望そのもの。ムーランは十日前に巣を見に行ったばかりだった。蜜蜂の打たれ強さは先刻承知でも、あれだけ激しい火と水の洗礼を無事くぐり抜けるには幸運、あるいは天の助けがいる。上空からの写真を見て、惨憺たるありさまの屋根のすぐ隣に三つの小さな点、大切な蜜蜂の三つの巣が元の位置にあると知り、ムーランは大喜び[2]。巣箱の周りを嬉しそうに飛び回る蜜蜂を聖具室係が撮影した短い動画を見て、ムーランはこれなら大丈夫と安心する。「蜜蜂には安全装置があります。煙を感じると蜂蜜を口いっぱいに頬張り、女王蜂をくるんで保護するのです」

シビル・ムーランと上司のニコラ・ジェアンは二〇一三年四月、都会に生物多様性をよみがえらせ、またパリのような大都市の中心に蜜蜂を連れ戻す試みの一環として、蜂の巣を設置した。現在、パリには七百以上の蜂の巣がある。オペラ座やオルセー美術館、グラン・パレなど観光名所の建物の屋上にかけられたものも数多い。実際、フランスの都市には田舎よりよほど優れた環境を維持している例も少なくない。自動車の数は多くても、除草剤、殺菌剤、殺虫剤など昆虫類を根絶やしにする薬剤はほとんど使われていない。ノートルダムに暮らす二十万匹の蜜蜂はアダム修道士が交配した蜂で、ことのほか気立てが優しく、一年に平均二十五キロの蜂蜜を生産し、この蜂蜜は大聖堂の関係者にのみ頒布される。

大オルガンはどうだろう。中央門扉の上方十六メートル、通称「つばめの巣」に設置されたパイプオルガンもまた火災の被害を免れたのだろうか。見込み薄と考えたのは三人いるノートルダムのオルガン奏者のひとりオリヴィエ・ラトリーで、演奏会を控えてウィーンに到着したばかりだった。ホテルの部屋に入って荷物を下ろすと一通のメッセージが届き、すぐに写真付きの二通目が続く。ノートルダムの屋根が燃えている。ラトリーはその晩、テレビの前に跪いて過ごした。数週間前、ラトリーは『バッハ・トゥ・ザ・フューチャー』と題するオルガン音楽を集めたアルバムを録音し、ジャケットには空中を浮遊するように、水平に横たわるラトリーの姿がある。火災の前のノートルダムで最後に録音された演奏は、ルター派のバロック音楽に捧げる生き生きとした讃歌となった。なんとも時宜に叶い、またキリスト教世界の統一に資する試みではないか。

カヴァイエ＝コルが一八六八年に仕上げた恐ろしいほど巨大な楽器に、ラトリーはウィーンから思いを馳せた。パイプのなかには数百年の歴史を有するものもある。奏法を身につけるのに五年を要したこのオルガンの「比類ない個性」[3]を手なずけるには一生かかるだろうとラトリーはかねがね考えてきた。二〇一三年には修復が行なわれ、ホワイトシカモアの新しい演奏台と二十一の新しいストップ（各ストップは同じ音色のパイプ群と繋がっている）を修復、装備し、七千三百七十四本のパイプはひとつ残らず手作業で洗浄された。事実、ノートルダムの大オルガンは長い歴史のなかで絶えず修復、増強され、有機的に成長を続けてきた。数世紀の間に偉大なオルガン製作者と呼ばれるほどのひとはほぼ例外なく補修に関わり、近代化を図り、時代の最良の技術を付け足して、ノートルダムの大オルガンを驚くほど統合的な演奏手段に仕立て上げた。

オリヴィエ・ラトリーはほんの三十六時間前、棕櫚の主日に自分がそこに、ノートルダムの身廊の高所にいて、両手は五段の手鍵盤上を跳ね回り、両足はペダル上を舞ったことがどうにも不思議に思えてならなかった。「素晴らしいミサでした。神父が行列用の十字架でノックして、大聖堂の扉を開けるよう求めた瞬間は格別でした」。ラトリーはオルガンの音量を最大にふくらませ、彩り豊かな音色をゴシック建築の堂内に朗々と轟かせた。「まるでキリストが大聖堂に入場されたようでしたよ[4]」

幸運の女神がふたたび微笑んだ。火災の翌日、大オルガンの無事が宣言され、ステンドグラスの薔薇窓や蜜蜂の巣の仲間入りを果たした。ほんのわずか傾斜した石造りの屋根のおかげで、損傷は軽微にとどまる。消防士による放水は屋根から流れ落ち、オルガンを避けて通った。数千本のパイプはひどく埃にまみれただけですんだらしいが、もう一度洗浄しなければならないだろう。

*

フィリップ・ヴィルヌーヴがラ・ロシェル駅でパリ行き高速鉄道の終電に跳び乗り、ようやく大聖堂までたどり着いたとき、とくに気がかりだったのは大オルガンの運命だったにちがいない。ヴィルヌーヴは午後十一時に前庭に着き、そのときには建物の軀体は倒壊を免れたと知っていた。歴史的建造物の主任建築家として、ヴィルヌーヴはノートルダムの隅々まで、目につかない片隅、秘密の通路、隠し扉まで知り抜いていた。六歳のときに買った二枚の大聖堂の絵葉書を今もとってある。十代になっても、ピンク・フロイドに聴き入る姉を尻目に自室にこもり、ピエール・コシュローのレコードをかけた。「あの夜、わたしは死んだ」とヴィルヌーヴは素直に認め、説明を始める。「ノートルダムはわたしという人間を形作る要素のひとつなのです」。ヴィルヌーヴの運命は二〇一三年に管理を任された大聖堂の運命と結ばれており、大聖堂が再建されればヴィルヌーヴが快癒するのはまちがいない。

数年前、ヴィルヌーヴは文化省に大聖堂が惨憺たるありさまに陥っていると警告した。長時間かけて見回った結果、ヴィルヌーヴはノートルダムがたんに老朽化しているばかりでなく、公害、気候変動、そして酸性雨の影響を次第に強く受けて、酷く損傷していることに気づいた。飛梁の何本かの脆さ、石細工の磨滅、ステンドグラスのパネルの緩み、石材や彫像の亀裂が目につく。破損してプラスチックの配管に置き換えられたガーゴイル、半ば崩れ、板で支えられた欄干、紐でようやく固定した小尖塔のリストも作成した。石灰岩の一部は、指で触れるだけで崩れ落ちた。その時点でヴィルヌーヴは修復費用を少なくとも一億ユーロと見積もった。一九〇五年の政教分離法以降、ノートルダムを所有する国家は六千万ユーロの予算割当を認めたけれども、教会はというと受益者にすぎないとの主張を変えず、そっぽを向いた。

国民が人生に起きる事柄の大半について国に頼る伝統があり、私的な慈善事業がおよそ耳に馴染まないお国柄ながら、健気な人々が国内外でノートルダムの修復工事への寄付集めを試みた。ノートルダム友の会基金がとくにアメリカの支援者探しを目的に設立され、一年間の運動の末、ヴィルヌーヴの修復十年計画を援助するため二百万ユーロを集めた。必要とされる一億ユーロには届かなかったが、緊急事態でもあるためとにかく工事に着手することとなり、二〇一八年の夏に金属の巨大なレースのスカーフが尖塔を覆いはじめた。尖塔が優先事項のリストの筆頭に挙げられたのはまちがいない。火災の起こる四日前、十二人の使徒と四人の福音伝道者を象った高さ三・四メートル、重さ百五十キロの銅像十六体が巨大なクレーンを使って撤去され、ドルドーニュ地方の中心都市ペリグーに運ばれ、ソクラ社の手で修復されることになった。なかにひとつ、他と異なるものがある。建築家の守護聖人、聖トマは作者ウジェーヌ・ヴィオレ＝ル＝デュクの面影を宿すと広く知られる。尖塔の麓に置かれた十六体の巨大な聖人のなかで聖トマただひとり、足元に広がるパリには目を向けない。その代わり、建築家にふさわしい長い物差しを手に、警戒を怠ることなく尖塔を見上げる。

火災ですべては一変した。金庫はまもなくノートルダムのための寄付金ではちきれるだろう。あわや全壊となって、人々の愛情がようやく形をとって表われた。罪悪感がかけがえのない役割を果たす。ノートルダムの安寧にわたしたちが集団として責任を負うのは無論のこと。深夜、フランス有数の富裕な数家族もまた、さほど恵まれない同胞と同じように、地獄の幻影に苦しめられ、気前の良い決断を下す。ブルターニュ地方の目立たない材木商の息子に生まれた八十二歳のフランソワ・ピノーはすぐさまフランソワ＝アンリ・ピノー、世界的な高級ブランドを数多く有する同族会社ケリング・グループを率いる息子に電話をかける。[5] ふたりはノートルダムの再建のために一族の保有する資産から一億ユーロを寄付し、通常そうした寄付に対して認められる免税措置も求めないことにした。[6]

その十日前、フランソワ・ピノーはガーンジー島を訪れ、ヴィクトル・ユゴーが亡命中の一八五五年から七〇年まで暮らした邸宅、オートヴィル・ハウスの再公開の記念行事に参加した。邸宅の改修費に個人的に出資したピノーの脳裏には、コリント式の円柱がユゴー自ら設計した三角小間を支える玄関ホールを歩いた記憶が蘇ったのではないだろうか。室内装飾をこよなく愛したユゴーは一八五八年三月に地元の職人を雇い、樫と真鍮を素材に三角小間の制作にあたらせた。そこには『ノートルダム・ド・パリ』初版の表紙を飾った意匠が再現されている。[7] 床から天井までユゴーが内装を手がけたオートヴィル・ハウスはしたがって、作家自身のゴシック様式大聖堂として構想され、ほの暗い玄関ホールと明るく窪んだ小間が著しい対照を見せる。オートヴィルを訪ねるのはユゴーの頭のなかに歩み入り、壁の樫板にかれが刻んだすべての文章を読んでユゴーの声に耳を傾けるのに等しい。フランス語とラテン語で書かれた文章には、あくまで進歩的な共和主義者の信条と熱烈なカトリック信仰が入り交じる。台所には幼子キリストを抱く聖母を自由の女神に置き換えた小さな寓意像があり、周囲をユゴーのことばが取り巻く。[8]

人民は卑小でも、あなたの神聖な腕に抱かれ
偉大となる、おお、豊穣の母よ

敵を制する足取りの神聖な自由の女神よ
あなたは世界を運ぶ幼子を胸に抱く。

ユゴーの隠れ家の記憶に浸り、おそらく作家のことばにも刺激を受けて、ピノーは燃え盛るノートルダムの姿にいっそう強く心を揺さぶられたことだろう。また『ノートルダム・ド・パリ』の成功が、大聖堂を遺棄状態から救ったことも思い出したにちがいない。[9] ピノーはこうして富めるもの貧しいもの、フランス国内外の別なく寄せられる、汲めども尽きぬ善意の先鞭をつけることになった。

　ピノー父子のすぐあとにはフランス一の金持ち、ラグジュアリー・グループLVMHの総帥、つねにライバルとして覇を競うベルナール・アルノーが続く。アルノーはピノーの提示した額の二倍に当たる二億ユーロをノートルダム再建のために寄付すると約束した。すると間を置かず、ロレアル社の財産を相続したベタンクール家がこれに続き、さらに、石油と天然ガスのトタル社が一億ユーロの寄付を発表した。これと比べると、フランスのきわめて富裕なドコー、ブイグ、ラドレ・ド・ラシャリエール家、アメリカのディズニー家やクラヴィス家から殺到した二千万、一千万、あるいは五百万ユーロの寄付は、じつに立派な大盤振る舞いではあっても、少額のように思えてしまう。そして誰もが自分の懐具合と相談して、あとに続いた。寄付金が滝のように四つの主な財団——フランス財団、文化遺産財団、国家記念建造物センター、ノートルダム財団——の財布に流れこむ。

　小口の寄付ほど、とくに心温まるものがある。ハンガリーのセゲド市は一万ユーロの送金を議会で可決した。一八七九年三月に洪水により壊滅的な打撃を被ったとき、パリが市に再建資金を提供してくれた厚意を忘れなかったのである。百四十年後、謝意は同じかたちで恩人に送り届けられる。コートジボワールの王国のひとつ、サンウィの国王は、先祖のアニアバ王子、ルイ十四世の教子が一七〇二年に洗礼を受けた大聖堂に支援を申し出た。

連帯の意志は多様なかたちをとる。ときには建物同士でやりとりされることもある。ヴェルサイユ宮殿は自らの修復工事に充てる資金を調達するため、稀少なワイン、シャトー・ムートン＝ロートシルトをロンドンで火災の翌日チャリティ・オークションにかけることになっていたが、その夜のうちに売上の全額をノートルダムに贈ることにした。額は百万ドルに上る。ヴェルサイユからノートルダムへ、愛をこめて。

パリ司教総代理を務めるブノワ・ド・シヌティ師は、大聖堂に届いた数千通の手紙に早くから目を通した。「ごく少額の寄付にとくに心を動かされた」そうである。世界各地の子供たちから寄せられた、誕生日のプレゼントはいらないから、その分をノートルダムの再建に寄付してと家族に頼んだという手紙が嬉しかった。フランスのある婦人は数行の手紙に添えて十ユーロ札を同封した。「わたしの家族は豊かではありませんが、これをノートルダムのためにお送りします。わたしの誕生日の四月十五日をノートルダムを思い泣き明かしました」。火災から二か月ちょうどが経過した時点で、小口寄付の総額は八千万ユーロに達し[10]、これは直ちに使うことができたが、高額の寄付は贈り手と再建工事を行なう国の間で、ご存じのとおり長い時間のかかる手続きを経なければならない。

ここはフランスであるから、個人の篤志家や名高い億万長者の寄付もそこまで気前が良くなると、少数ながら声高な一部の世論を激怒させることになる。四月十六日午前八時頃、ノートルダムの燠火も冷めやらぬうち、パン屋「メゾン・ディザベル」に勤める若い職人が、普段は金髪のおかっぱ頭、澄んだ青い目、気さくな笑顔の印象的なじつに穏やかなひとなのに、ぷんぷん怒っていた。「大聖堂にならためらわずに何億ドルでも出すってのに、困ってるひとには何もしてやらないのか？」そう思うのはかれひとりに限らない。

フランス・カトリック教会も怒り心頭に発し、このときばかりは、すぐさま行動を起こす。「富裕層に気前の良さをどう発揮すればよいか指導する必要がある。ノートルダムとともに、貧しい人々にも与えるように奨めるのが望ましい。ただし、わたしの経験からすると、与えはじめた人は与えつづけるものであり、助けを求められると喜ぶものである」[11]と仰ったド・シヌティ師は、個人の篤志家からの寄付がきわめて重要であることを充分に承知していらっしゃる。左岸を代表するサン＝ジェルマン＝デ＝プレ教会に神父として十一年勤め、その教会はアメリカ人慈善家たちの厚意にも一部恵まれ、つい先頃かつての栄光を取り戻した。二〇一七年にド・シヌティ師が発案した計画は、大好評を博す。寄付をすれば内陣上部のアーチ型天井の青空に光る五千の金色の星のひとつを自分のものにできる。ド・シヌティ師はノートルダムに寄せられた厖大な寄付がやがて他の慈善事業や教会にも恩恵をもたらすように、人々と古い石造りの建物をも益するように願った。

それでも、富と権力を有する人々が「崩れかかったただの古い教会」に惜しげもなく大金を贈るのを目の当たりにしてあちこちから沸き起こった怒りはそうやすやすと鎮まりはしない。フランスでは平等主義が宗教に近い。富は羨望と同時に呪詛の的でもある。後者を明らかに代表する「黄色いベスト運動」は、寄付が公表されるやいなや、きわめて特権的な人々が投じる用意があるという億単位の金について、ことあるごとに批判をくりかえした。「黄色いベスト運動」にはノートルダムに富が湯水のごとく注がれることのどこが見苦しいか説得力をもって語れなかったとしても、それができるひともあった。たとえばイエズス会士で経済学者のガエル・ジローの話を聞いてみよう。[12] ジローに言わせると、この金の流れはまず何よりも富裕層に重税を課し、国が助けを最も必要としている人々に税収を再配分するのが正当かつ適切であることの証になる。ジローはまた、フランス・カトリック教会に寄付の一部を移民およびフランスで貧困生活を送る三百万人の子供たちのために使うよう求めた。かれは聖書の「ルカによる福音書」二十二章二十五節を引用する。キリストが最後の晩餐の席で使徒たちに、金持ちはしばしば気前の良さを利用して他者に権力をふるうと語る一節である。「そこでイエスは言われた。『異邦人の間では、王が民を支配し、民の上に権力をふるう者が守護者と呼ばれている』」

寄付を行なった富裕層が、じつはノートルダムのことよりも寄付に伴う免税措置に関心があったのではないかという疑念が浮上すると、ピノー家、アルノー家、ベタンクール家は、同胞の心性を知り抜いていることもあり、寄付に対して通常認められる完全に合法的な税の払い戻しをいっさい求めないとの意向を公式に発表した。気前の良さに下心はなく、かれらはそのことを世間にもわかってもらいたかった。

ガエル・ジローは分析をさらに進め、ノートルダムの火災はフランスと西欧の他の地域の深刻な低迷状況を露呈させたと主張する。「先端技術に支えられた我々の社会が、じつはいかに脆弱であるかが明らかになった。我々は月にも行けるのに、八百年の歴史をもつノートルダムの屋根さえ火事から護れない」。前世紀までは誰も大聖堂のなかに電気を引くなどという恐ろしいことをしようとはしなかったのに、それを行った今、生じた結果に対して誰も責任をとろうとしない。ジローは言う。「政治について言うなら、金融市場の全能性によって信用を失った。その金融市場に世界の支配を委ねたのは我々である」。問題は、「巨大金融は分別がなく、能率が悪く、我々の人生にいかなる意味も与えることができないことだ。ノートルダムが焔に包まれたとき、燃えたのは我々の社会の仕組みである」。

教会はヨーロッパで主要な役割を演じてきた。教会は国家の創出に手を貸し、病院と学校を建て、成文化された最古の法典を記し（ちなみにこれは教会法とも呼ばれる）、ヨーロッパ初の行政機構も提供した。ノートルダムは多くの意味で、わたしたちの歴史のなかのこの部分を象徴する。燃えるノートルダムを見て心に沸いた感情は、社会の紐帯と文化の成り立ちが崩れ去るのを目の当たりにして感じる混乱を鏡に映し出した。ノートルダムのような象徴が存在しつづけるかぎり、我々は自分たちの社会が完全に金融化の軍門に下ってはおらず、まだ完全に手放してはいない超越性との結びつきを保っているという希望にすがることができる。ジローの結論はこうである。「ノートルダムのような場の消失は、規範の喪失による致命的な混沌を導くであろうことを我々は熟知している」[13]。

＊

目の前の重要な任務に集中する一方、早くも燻りはじめた論争には目もくれず、国家遺産管理責任者マリー＝エレーヌ・ディディエ、歴史建造物保存委員会の主任建築家たち、そして火災の数週間前から現場入りしていた多くの請負業者――石彫工、足場職人、屋根職人、大工、ロープアクセス技師、高所作業員――は四月十六日の明け方にはフィリップ・ヴィルヌーヴに協力しようと現地に復帰した。そのなかのひとり、ディディエ・デュランはイタリア人石工の孫で、ピエール・ノエル社の責任者として四十七名の石工、石割工、石切工、石彫工からなるチームを率いる。文化省からデュランに電話が入り、直ちに新しい契約書を送付すると連絡があった。期間、金額、原価に関する具体的規定はない。

時間との闘いだった。主な優先事項はふたつ。直ちに必要な事項の査定、そしてノートルダムの安定化、補強。

消防士に付き添われ、マリー＝エレーヌ・ディディエは身廊に入り、名高い十三点の「メ」の状態を調べた。前夜救出された状態のままの一千点の美術品の手当ても急がなければならない。そのうち最古のものは十六世紀に遡り、また巨大な絨毯も同様、そして最後になったが忘れてはならないのが十四世紀の名高い彫像《幼子を抱く聖母》で、これは《我らがパリの聖母》の名でも知られる。今では立ち入り禁止区域となった翼廊南西の円柱の脇にまだ立っているのが目撃されたという報告がディディエに届く。しかし、状態はどうなのだろう。

ディディエはノートルダム・ド・パリを体現する聖母を、前回会ったときと同じように、哀愁を帯びた神秘的な微笑みを浮かべ、外衣の襞と戯れる幼子を抱く愛らしくじつに優雅な姿で、ふたたび見いだすことができるだろうか。ノートルダムに寄進された一八一八年以来、大聖堂を象徴する聖母を象った三十七体の彫像のなかで、このマリア像は腰の傾きによってひときわ注目を集めてきた。フランスの頽廃作家ジョリス゠カルル・ユイスマンスは一八九八年に、「憂鬱な唇に朗らかな笑みを浮かべ、愛らしいのにじつに異様」と記した。「ある角度から見るとキリストに、まるでからかうように笑いかけている。［…］別の角度から見ると、微笑みは消える。固く結ばれた唇は涙の前兆だろう。聖母に安らぎと畏れの相反する感情を抱かせることによって、彫刻家は降誕の歓びと遠い未来に待ち受ける磔刑の苦痛を表現したのではなかろうか」[14]。

マリー゠エレーヌは我が目を疑った。美術品、絵画、彫像のどれひとつとっても損傷は見当たらず、やや埃を被ってはいるものの、煤で黒ずんだものさえない。翼廊の交差する部分に尖塔が落下し煙道効果が生じて、煙突のように煙の大半を外に吸い出した。意外にも、アーチ型天井の他の部分は、中世に設計した人々の目論見どおり、持ちこたえた。アーチ型天井は、まさに大聖堂を火災から守ることを目的に設計されたのである。「アーチ、繰形、アーチ型天井は見事に与えられた役割を果たした」

とフィリップ・ヴィルヌーヴも請け合う。

とはいえ、壁や石材が水浸しなのだから、絵画はひとつ残らず急いで壁から外さなければならないが、水分の蒸発はきわめて緩慢なため、建物がどう反応するか誰にも予測がつかない。二週間というもの、マリー＝エレーヌ・ディディエはほとんど眠らず、毎日何百と届くメッセージには見向きもせず、新聞も避けた。ごく稀に目をやれば間違いだらけ、寄付に関する不毛な論争と、どれも願い下げにしたい新たな尖塔の愚かしいデザインばかり目につく。やっと一息つけたのは重量二百キロの《幼子を抱く聖母》が安全な場に移されたときで、これに用いた牽引滑車の高度な仕組みとキャスター付き足場は、すでに古代ローマ人が用いていた。

＊

フィリップ・ヴィルヌーヴもやはり、ＳＮＳやありとあらゆる新聞の紙面に洪水のように溢れはじめた新たな尖塔の、薄気味悪いとまでは言わなくとも、奇想天外なデザインにかまけている暇はほとんどない。大聖堂のなかを行ったり来たり、身廊を東から西にゆっくり歩み、這いまわり、よじ登り、跳び上がり、しゃがみ込みながら、ヴィルヌーヴは正確な現状把握に努める。アーチ型天井の重量の均衡があまりに危ういため、作業員全員に身廊内の通行を禁止した。アーチ型天井はいつなんどき崩落してもおかしくない[15]。ヴィルヌーヴの目は石材のひとつひとつを入念に調べる。損傷を瞬時に査定できなければ、それは思いがけない結果となって現われるかもしれない。言い換えるなら、「これは戦争[16]」であり、ノートルダムが完全に安定化され、補強されたと見なされるときまで、その状態は続くだろう。

ヴィルヌーヴはアーチ型天井を覆うのに、百二十七メートル×四十八メートルの防水布を必要とした。それも今すぐに。天気予報は明らかだ。三日後の金曜にはパリに雨が降る。ロープアクセス技師は待機中、防水布も揃った。昼夜を分かたず働きつづけ、高所作業員が大聖堂の屋根を覆い終えたのは、大雨と強風がパリに襲いかかる数時間前のことだった。

北側の破風がフィリップ・ヴィルヌーヴにはことのほか気にかかる。木造の屋根に固定されていた重さ三百五十トンの柱が、今は何の支えもないまま危うく立っており、いつ破風に倒れかかってもおかしくない。もし内側に倒れれば、どう見ても北の薔薇窓を道連れにしそうな雲行き、外側に倒れれば、オースマン男爵の時代に向かいのクロワトル＝ノートルダム通りに建てられた六階建ての建物を倒壊させるだろう。石工の親方ディディエ・デュランはヴィルヌーヴに、北側の破風を今すぐ固定する作業を始めるには、方法はひとつしかないと告げる。それは頂きに立つ大司教像の重さ一・八トンある頭部を切り落とすこと。きわめて危険な難しい作業に同意をためらった消防隊もついに折れ、クロワトル＝ノートルダム通りに臨時救護所が設営される。デュランが作業を監視するため螺旋階段を上る間、クレーンがチェーンソーを携え吊り籠に入った作業員のひとりを四十六メートルの高さに運び上げた。わずかでも風が吹けば、忌まわしい事態になりかねない。作業は六時間を要した。「十年分歳をとった」[17]とデュランはのちに告白する。長さ十八メートルの角材が最寄りのベルギーから届き、破風を両側から補強した。

ふたつの塔をつなぐ西側の破風とキメラの回廊となると、これはまた事情が異なる。高さ二十メートルもの焰の舌が円形の天窓を突きぬけ、何時間も石材を舐めつくした。石は美しいピンクに色を変えたが、熱によって数体の天使に亀裂が生じた。ふたつに割れた「最後の審判」の天使像は撤去せざるをえない。ガーゴイルの多くは頭から爪先まで縛って固定しなければならず、そうでないものは新たに石膏とセロファンで包み、下に降ろして前庭に臨時に設けた保管場所に収められた。

南側の破風の石細工の受けた被害も凄まじい。研究所からいずれ一部でも再利用できるか、報告が届くだろう。「芯材さえ無傷なら、たとえ赤変してピンクになっていても、また使いますよ」と「ホメオパシー的復元」を好むフィリップ・ヴィルヌーヴは言う。身廊では二本の柱に直ちに銅のテープを巻きつけなければならないと気づく。重圧を受けて崩れる恐れがきわめて大きく、全体にあちこち亀裂が走っていた。ヴィルヌーヴはまたステンドグラスのパネルをすべて取り外し、よそに保管するよう指示を出した。

百五十名の腕利きの職人がほぼ日夜を分かたずノートルダムを安定化する作業に取りかかったものの、するべきことはあまりに多く、それも同時に多方面の手当てが必要だった。ロボット六台、うち二台は清掃用、四台はプライヤーを取り付けて身廊内部に送りこみ、日に十時間稼働させ焼け焦げた残滓を回収すると、その破片はすべて検査、分類され、数字を付され、また別の二チームによる検査を待って保管される。二チームの一方は出火の原因を探る現行の犯罪捜査にあたる法医学の専門家からなり、もう一方は考古学者と石材、金属、木材、ガラスの専門家から構成される。フィリップ・ヴィルヌーヴは、「石の破片はひとつ残らず保管し、できるかぎり再利用しよう」とチームに注意を促した。

ノートルダムが建てられた経緯から、フィリップ・ヴィルヌーヴは複雑に絡み合った構造システムの多様な要素を同時並行して考慮する必要に迫られる。ノートルダムのようなゴシック様式の大聖堂は、分厚く重い壁に頼るのではなく、円柱や支柱、外部の飛梁、カウンターサポートに重量を分散させる。鉛を用い、あえて重くした尖塔、そして屋根のどちらにも構造の全般的な強度を高める効果がある。そのふたつが消滅した今、ノートルダムの軀体のすべて、存在のすべてに突如危険が迫る。

二十八ある飛梁（内陣と身廊にそれぞれ十四本）は、外骨格のように半円状のアーチ型の木製補強材で内側から補強しなければならないことがまもなく明らかになる。たとえアーチ型天井が落下するようなことがあっても、それに伴い壁面まで崩れ落ちてはならず、それには飛梁の圧力が欠かせない。またこうした内側の木製アーチは、ノートルダム再建の段階で用いられる巨大な傘の支えにもなる。

これらのすべて、大至急ノートルダムを補強し、安定化する工事には厖大な費用がかかる。作業員と資材の費用支払いは待ったなし、文化省の通常予算はたちまち干上がった。少額の寄付が積もり積もった八千万ユーロも、長くはもたない。二〇一九年七月二日、フィリップ・ヴィルヌーヴはフランソワ・ピノーを招き、木製のアーチ型補強材を初めて取り付ける工事を見てもらった。「写真を撮ったのに、全部ボケていました。あまり恐ろしくて、震えていたのですね」。ヴィルヌーヴは数週間後にこう語る。クレーンに吊られて四十メートルの高さまで運ばれた重さ八トンの木製アーチの一本目を、高所作業員は寸分の隙なく取り付けなければならない。こうした高度な技量と献身を目の当たりにして、フランソワ・ピノーは契約がいまだに結ばれていないにもかかわらず、一千万ユーロを直ちに拠出した。ピノーは緊急性を理解し、ベルナール・アルノーも同様、増える一方の費用をカバーするため、同じく一千万ユーロの前払いに応じた。

＊

昼夜の別なくノートルダムの傷の手当てに明け暮れる建築家、管理責任者、石工の親方からなるチームの与り知らぬうちに、新しい尖塔のけばけばしく奇抜なデザインがいまや世界中のＳＮＳや新聞の紙面に溢れかえった。ノートルダムをわずか「五年以内」に、「以前にもまして美しく」再建しようという立派な決意を固めたフランス大統領が、およそ突拍子もない想像力を解き放ったのだった。その翌日、ということは火災からまだ二日しか経たないうちに、エドゥアール・フィリップ首相は新しい尖塔のデザインに関する国際コンペを発表し、応募作に「現代の技術と課題に応える」よう求めて、世間一般の逆上をさらに掻き立てる。この一時期、誰もが見境なくヒステリーを起こしたようにさえ見えた。

屋上には、フランスのある企業が巨大な農業用ハウスを作ろうと提案すれば、また別の会社はテラスに植樹して森を作り、そこに絶滅危惧種の動物たちを保護する案を示唆した。スウェーデンの建築家は雨水をたたえた十字架型のプールを提起し、ガラスの温室を作ろうという建築家も現われた。どれも環境に優しいことは言うまでもない。尖塔に関しては、素材をめぐって議論が沸騰する。クリスタルかガラス、あるいはチタン。何も作らず、光のビームで代替しようという案もあった。形はどうする？　論理的に考えれば、尖塔である必要はないとの主張も少なくない。

フランス人デザイナー、マチュー・ルアヌールも自分なりの案を提起してみようと考えたけれども、それは皮肉のつもりだった。ルアヌールはカーボンファイバーでつくった全長百メートルのぎらつく焔を金箔でくるんだ大聖堂の絵をインスタグラムに投稿する。ルアヌールの挑発を大真面目に受け取るひとも多く、ＳＮＳは大騒動となる。著名な建築家ノーマン・フォスターまでよせばいいのに諍いに割って入り、こう言い放つ。「新しい尖塔は現代的で、きわめて精神性が高くなければならない」。曖昧なのもここまで来れば天晴れか。

数か月を経た今は、悲劇の数日後にこうした奇妙奇天烈なデザインが噴出したのは、カタルシスを求めての反応だったと容易に見なすことができる。わずか五年のうちにノートルダムを「以前にもまして美しく」再建しようというマクロン大統領の決意も、同様に解釈されるべきだろう。火災、そしてあわや倒壊寸前の状況を目の当たりにした衝撃が、大統領を先頭に政府全体にそうした言い方をさせたにちがいない。精神分析医ならこれを解放、つまり根幹から心を揺るがす不安、ノートルダムを舐めつくす焔を前に手をこまねいて過ごした数時間に味わった身を苛む思いを吐き出す方法と呼ぶだろう。

ところが、現代にふさわしい新たな尖塔と屋上庭園のそうした珍妙なデザインはまたしてもフランスの世論を分断し、「近代派」と「古代派」の果てしない対立をもたらした。保守派の日刊紙「ル・フィガロ」は世論調査を掲載し、フランス人の過半数（五十五パーセント）は屋根と尖塔が以前と同じ姿に再建されることを望んでいること、また国家遺産の復元に通常必要とされる手続きを迂回しようと政府が提案した「ノートルダム緊急法」には圧倒的多数（七十二パーセント）が反対であることを示した。[18]

＊

「世紀の工事現場」（フランスのメディアはこう呼びはじめた）を監督する公的組織を創設しなければならなくなり、マクロン大統領はこれを率いるのにふさわしい人物を選ぶ必要に迫られる。また緊急法を議会に諮り、通過させなければならない。ノートルダムは待ってくれない。

一番重要なことから取りかかろう。再建計画の指揮を執る人物を探し出すこと。現場で協力し合い、作業を進めるすべての公共事業、そして歴史的大事業に関わる厖大な数の技術者、専門家、職人、企業を統括する指導者にマクロン大統領は、生来の威厳をそなえ、信望も厚い、歴史、宗教、芸術に造詣の深い学者で、かつ敬虔なカトリック信者を充てたいと考えた。フランス陸軍統合参謀総長を退いてまもないジャン゠ルイ・ジョルジュラン元帥が完璧にこの要件を満たす。大統領執務室に近いエリゼ宮内に小さな事務室が用意され、ジョルジュラン元帥は新たな肩書「大統領特別代表」を直ちに受け入れた。文化省は出番を奪われたようで面白くない。それでも、いつもながら行動優先、しかもボナパルト風を吹かせたがるマクロン大統領に、ノートルダムのために今ここでは軍人精神こそ必要とされているとの勘が働く。なんといっても、パリ消防隊の軍人らしい律儀、豪胆、勇気を見せつけられたところだった。事実、マクロン大統領は少なくとも精神面では国家の象徴を救うため、軍隊と国家の連携に頼った。歴史に照らして、これは適切な選択といえるだろう。

ノートルダム緊急法の国会通過には三か月を要した。議会両院、国民議会と元老院がそれぞれ原案を修正した。議会は、おそらく賢明にも、法案をさほど「例外的」とはせず、歴史建造物保存委員会の主任建築家や国家遺産管理責任者の知識と助言を尊重するなど、すでに確立した手続きを遵守するよう念を押した。ノートルダムのかつての屋根の代わりに、万が一にも植林した森に野獣がうろつくのを防ぐには、おそらくよい方法なのだろう。しかし、国会はジョルジュラン元帥の率いる新たな公的組織の創設に賛成し、教会と主任建築士の双方が発言権をもつことになった。

ノートルダムの再建が、建築物としての考慮の範囲をはるかに越えるのは言うまでもない。それはフランスにとって厄介な問題を自問する絶好の機会となるだろう。大きなトラウマは必ず根源的な問いかけを導き、新たな機会を提供する。歴史建造物保存委員会の主任建築家のひとりでサン゠ドニとモーのゴシック様式大聖堂を担当するジャック・ムーランは、歴史的にきわめて重要な意義のある記念建造物の保護の仕方を、一から考え直してほしいと考える。火災報知機だけでは充分でない。ムーランの見るところ、国家遺産財団は、たとえばそうした建造物に防火システムを装備することに同意すべきである。「フランスには中世からの木造屋根のある大聖堂が十以上も残っていて、なかにはノートルダムより古いものもあるのです。もうこれ以上、失ってはならない。将来、あのような火災の再発を防ぐためにも、正しい結論を導き出さなければなりません」[19]。倉庫にはノズルライン式スプリンクラー、ミスト噴霧器、飽和湿度から脱酸素システムまですでに設置済みで、防火システムの選択肢はいくらでもあるのに、なぜか国家遺産財団の経理担当者の裁可をただの一度も受けたことがない。「そうした機器は目障りですから、歴史的建造物に取り付けるとなれば、もちろんそれなりの工夫が必要です。しかし、どうしても設置する必要があります」とムーランは言う。消防隊に毎回命懸けを期待するわけにはいかない。

話題に上るたび、教会が必ず横柄に退けてきた問題にもムーランは言及する。それはノートルダムを初めとする建築的、歴史的価値の高い大聖堂に入場料を課すか否か、当然この収入は建物の維持に役立てることができる。フランス・カトリック教会は、神の家は誰もがいつでも自由に出入りできる場所でなければならないという気高い原理を持ち出して、この案をつねに拒否してきた。ヨーロッパの他の教会は原理の精神は守りつつ、実地に移すのは控える。たとえばイタリアでは、建築、美術の面で重要な教会を訪れる観光客は数ユーロの入場料を払わなければならないが、礼拝や宗教行事に参列する信者は免除される。この問題に対してフランス・カトリック教会は首尾一貫して、自分たちは傘下の教会をいっさい所有していない、少なくとも一九〇五年の政教分離法以前に建てられたものについてはそうであり、したがって建物の維持、修復、再建の費用をすべて負担するのは国家の義務であると返答する。

一九〇五年の法令はカトリック教会を幼児化した。もはや所有しない建物について責任を感じることなく、自らをたんなる受益者と見なすことによって、フランス・カトリック教会は現実的な問題の一切を国家に任せきりにしたうえで、人々の魂にのみ目を向けると主張して、高慢な振る舞いを続けてきた。ジャック・ムーランの見るところ、「教会の振る舞いは戦略的な弱みとなって現われた」[20]。フランスの聖職者たちがノートルダムを訪れる年間一千四百万人の観光客に入場料として数ユーロの支払いを求めていれば、この収入を建物の維持に利用できたはずである。店子にも、やはり義務はある。

教会組織の高い地位に就いた若い世代の聖職者には、これまでにない成熟した物の見方、新たなアイデアを期待できるのだろうか。パリ大司教から「ノートルダム・ド・パリの典礼と行動計画」の監督を任されたジル・ドルーアン神父が、その議論に応じるつもりなのはまちがいない。建築と十八世紀フランスの宗教儀式に関する博士号をもつドルーアン神父は、礼拝のために大聖堂の門をふたたび開く――これこそジョルジュラン元帥からフィリップ・ヴィルヌーヴまで、誰にとっても最優先事項らしい――にあたり、ノートルダムの面目を一新する課題に取り組むのにふさわしい人物のように思われる。

「カトリック教会は今、最悪の危機のひとつに直面しています。ノートルダムに限らず教会全般にとっての問題は、今日の信者に教会でどのような体験をしてほしいか、ということです」[21]とドルーアン神父は語る。八百五十年の歴史のなかで初めて、現在ノートルダムの扉は閉ざされている。建物が安全な状態にあると判断され、屋根の一部を欠いても危険さえなくなれば、扉はふたたび開かれるだろうが、訪問者の受け入れ方を考え直すにはさらに数年かかることだろう。ドルーアン神父はじつにやりがいのあるこの任務に進んで取り組もうとしている。それは何十年もノートルダムの評判を傷つけてきた問題にようやく立ち向かい、解決する好機でもある。前庭を占領してパリ市民の通行を妨げる観光客の長蛇の列、入場口で行なわれる時間ばかりかかって杜撰な保安検査、堂内の安っぽい土産物屋を初めとして、日々出会うこうした不愉快な事柄のリストはまだまだ続く。必要とされるのは徹底した総点検であり、可能性はいくらでもある。

たとえば前庭の地下の使われていない駐車スペースを利用して、売店など必要な施設も備えた観光客用の入口を設けてはどうだろうか。そのスペースの一部は地下遺跡のために役立てることもできる。なおこの遺跡についても徹底した見直しが必要とされている。パリの中心、前庭をはさんで真向かいに位置するかつての病院施設、一部に空室の残るオテル＝デューに博物館を作るのはどうだろうか。ミラノでは大聖堂のすぐそばに博物館があり、大聖堂の歴史を理解し、学ぶのに恰好の機会を提供している。これを見習ってもよい。数世紀にわたりノートルダムに収集された美術品が、パリに専用の収蔵展示施設がないためにフランス各地のさまざまな博物館に散らばっており、アドリアン・ゲッツなど多くの歴史家が何年も前からそうした施設の設立を求める運動を行なってきた。

ドルーアン神父はパリほど豊かな都会に暮らす貧しい人々や都市中心部の暮らしの変化についても考えている。「こうした礼拝の場を文化遺産のようにあつかい、化石化させてはなりません」。パリ市民は他の教会と同じように、ノートルダムにも気軽に出入りできなければおかしいし、貧しい人々にはパリの他の地域、たとえばサン＝トゥスタッシュ教会のように、温かい食事が提供されてしかるべきだ。一九八四年以来、十二月一日から三月末日まで、十六世紀建築の至宝サン＝トゥスタッシュ教会は毎晩七時三十分に正面の石段にやってくるひとに無条件で一鉢の温かいスープを配ってきた。

歴史建造物保存委員会の主任建築家たちも同様の関心を抱いている。古い石造りの建物を孤立したものと考えることは滅多になく、建物は周囲の環境、そこに暮らし、建物を生かす人々と一体のものと見なす。ピエール＝アントワーヌ・ガティエはノートルダムについては記憶があまりに生々しく、まだ話す気になれないため、現在修復を担当しているもうひとつのノートルダムについて語ってくれた。ノートルダム＝デ＝サン＝ロジス＝エ＝ド＝トゥー＝ル＝モンド、つまり「ホームレスと万人のための聖母礼拝堂」である。一九五七年にパリ郊外のスラムのただなかに建てられたこちらのノートルダムは、二〇一六年に歴史的建造物に指定された。難民と世界各地からパリにたどり着いたばかりの移民の暮らすこのスラムは、派遣されてまもないジョゼフ・レシンスキ神父の教区だった。[22] 悲惨な暮らしを強いられる住民にこそ美しいものが是非とも必要と考えた神父は、中世の教会建築を模してイヌイットの住居を思わせる丸天井の教会を建てたが、建材には繊維コンクリートと廃棄物のリサイクル素材を用いた。床には小石を敷きつめ、ステンドグラスはフランスの抽象表現主義の画家ジャン・バゼーヌに特別に制作を依頼した。

火災の数日後、復活祭の日曜日のミサの最中にスリランカの教会で何百人ものキリスト教徒が虐殺されたが、このニュースがノートルダムの火災のように新聞の一面で報じられることはなかった。これに心を傷めたひとは多く、建築家ガティエもそのひとりで、建築と人間性に寄せる情熱に卑賤のあるはずもない。

＊

あなたはビリーヴァー（「神を信じる人」）かと訊ねられて、フィリップ・ヴィルヌーヴはジョーカー（「冗談を言う人」）と答えた。[23] フランスではセックスに関する話題のほうが宗教より気軽に話せる。宗教は精神に関わるため、きわめて個人的な経験であり、本人以外の立ち入りを拒む個人の領域に封印される。多くの家庭で子供は両親が神を信じるか否か、知らずに育つ。宗教は政治の世界や都市生活に決して関わってはならないという考えは、概して認められている。一九〇五年の政教分離は若い共和国にとってきわめて重要な瞬間であり、数世紀にわたりフランス社会を支配し、窒息させてきた権力から自らを解き放つ行為でもあった。近代的な共和国の礎は、教会を手なずけることによって築かれたのである。無神論者と信者が、また多様な民族が幸せな共同生活を送るには、それが必要な条件のひとつと考えられてきた。あらゆる種類の宗教的原理主義、たとえばカトリック、イスラム、あるいはユダヤ教の原理主義の台頭は、近年、世俗主義を信奉するフランスの心情にとって試金石ともなる。過去三十年間、多様な集団がしばしば狂信的な少数派にあやつられ、特別待遇を要求し、宗教を理由に通則からの目こぼしを要求してきた。社会の調和を保証するか、国家の気風に固執するかの二者択一に身を裂かれ、フランス共和国はしばしば後屈するが、これはいかにも窮屈な姿勢である。

ノートルダムの火災はまた、それとは別のかたちでフランスの決意のほどを問うこととなった。宗教とはあくまで無縁であろうとする国家がじつは深く歴史に根ざしており、その歴史はキリスト教にほかならないことをこの悲劇は明らかにした。何も嘆くことでもなければ、祝うことでもない。たんなる事実である。キリスト教徒として育てられた過去、あるいは自分はどちらかといえばキリスト教徒との漠とした思いを、世俗主義と不可知論の深い層の下にしっかり埋め込んだはずの多くのフランス人は、不意打ちを食らったと感じた。聖と俗の出会う場所であったノートルダムが、わたしたち全員に自らの出自を唐突に、有無を言わせず思い起こさせたのである。

フランスでは、神を信じる人かと問われたひとが「冗談を言う人」と答えたとすると、それは通常、何らかの超越的な存在を信じていても、それについての答えは私的で複雑なものであるから、他人には話したくないという意味である。この答えに続けて、フィリップ・ヴィルヌーヴは超越的な経験としてのノートルダムの美しさについて語った。同じ質問にオリヴィエ・ラトリーはこう答えた。「芸術家、音楽家はつねに自分自身よりも高いところにある何かと結びついていています。それを神と呼んでもよい。音楽家は人間ともうひとつ別の何か、そのふたつの次元をつなぐ存在ではないでしょうか。大オルガンを弾いていると、演奏しているのが自分なのかどうか、わからなくなることがよくありま す。そこには何か違うもの、別のものがあるにちがいありません[24]」

あとがき

二〇一九年四月十五日のあの壊滅的な晩以来、パリのノートルダムは静かな切迫感と深い献身をもって世話にあたる人々によって支えられてきた。シテ島全体の鉛汚染による夏期の現場封鎖に始まり、構造の安定化を図る過程でノートルダムがいつなんどき崩壊してもおかしくないという根強い恐怖まで、乗り越えなければならない障害の数は多かった。

二〇一九年十二月一日、ジャン＝ルイ・ジョルジュラン元帥率いる公的組織が、緊急事態下のノートルダムの管理責任をそれまで担ってきたパリ警視庁から引き継いだ。現在はジョルジュラン元帥が「世紀の工事現場」――フランス・メディアの命名――の監督にあたり、火災の翌日にフランス政府首相が呼びかけた新尖塔の国際コンペはいまや遠い昔の記憶のように思われ、「善意であっても、まずい思いつき」を入れる引き出しの奥にしまい込まれた。このところ、ノートルダムの尖塔の未来はフランス国民の投票に委ねるという考え方に傾きつつある。再建を任された建築家のフィリップ・ヴィルヌーヴは、現代的なデザインの尖塔を建てるのなら身を退く意向をすでに明らかにした。これに対し、ジョルジュラン元帥は軍隊式に応答する。「あの男には口を酸っぱくして言っている、必要ならもう一度言おう。へらず口を叩くのはやめなさい。そうして初めて、我々は心穏やかに計画を前に進め、ノートルダムのため、パリのため、そして世界のために最良の道を選ぶことができる」

どちらもノートルダムのことを本気で心配しているのはたしかで、ただ各々それを一癖ある、フランス人気質丸出しで口にした。再建工事の進む年月の間には多くの言い争い、公然とした仲違いにくわえ、個人からの寄付、そしてさらに重要なノートルダムの再建方法をめぐる論議が起こるのもまちがいないところだろう。

ジョルジュラン元帥と十三名の理事、国家、歴史建造物保存委員会、カトリック教会、パリ市庁舎の代表とともに、科学者、監査役、寄付者による三つの委員会がフランス大統領に直接意見を上申する立場にある。その後、幸い万事順調に運べば、フランス国民にも意見表明の機会が与えられるだろう。

パリのノートルダムは同時代に建てられた他のほとんどの大聖堂とは異なり、華々しい装飾で見る者を唸らせることもなければ、贅を尽くした細部で名を轟かせることもない。それとは反対に、人々の歩みを止めさせるのは、ノートルダムの簡素な姿形と厳粛な輪郭、そこから伝わる全体の統一感にほかならない。フランソワ・テオドール・ド・ジョリモンは一八二三年にこう記した。

ノートルダムの前に立ってまず感じるのは驚きでもなければ、我が目を疑うほど素晴らしい他の建造物を前にしたときに抱く心の昂りや、生々しい感情でもない。ノートルダムは見物人の想像力におもねろうとしない。我々は心静かにノートルダムを見つめ、規模の壮大さを測り、すべての調和を楽しむ。我々の心がこれでよいと納得し、それがまもなく敬慕に変わる。[1]

感激よりも畏敬。フランス人はおそらくノートルダムの前で、これまでどおり畏怖の念を抱きたいのだろう。なぜならノートルダムはそんじょそこらの労働会館とは訳がちがう。ノートルダムはパリの脈打つ心臓である。八百五十年以上もフランスの栄光と悲惨、フランスの勝利と挫折は、ノートルダムのアーチ型天井の下に鳴り響いたのだから。八百五十年以上もフランス人は、ノートルダムの塔の大小の鐘を撞いて死者を悼み、警鐘を鳴らし、歓喜に沸いたのだから。神を信じる者も信じない者も、そこに同じ記憶を見いだせる、なぜならそれはフランスの記憶であるから。ノートルダムはフランス人ひとりひとりのものであり、誰もがノートルダムの未来については自分の意見を反映させたいと願う。

多くのパリ市民が待ち焦がれる、特別な瞬間がある。それは建築家フィリップ・ヴィルヌーヴがしばしば夢見る瞬間でもある。四月十五日に尖塔が崩れ落ちたとき、頂きにとまる雄鶏は九十六メートルの高さから地表に落ちた。尖塔の他の部分が跡形もなく崩れたのに、木と鉛でできた雄鶏は原型を保ったまま、火の玉のように空中をくるくると舞った。払暁、ヴィルヌーヴはクロワトル＝ノートルダム通りの側溝に横たわる傷ついた雄鶏を見つける。内に収まるパリの守護聖人、聖ジュヌヴィエーヴの遺物は無事だった。そのときヴィルヌーヴは、ノートルダムをいたわりかつての栄光を取り戻させる任務は、新しい尖塔の頂きに雄鶏を載せて初めて完了すると得心した。パリはその時を待っている。

謝辞

二〇一九年四月十五日月曜日は人々の記憶に残る日付でありつづけるだろう。それはパリのノートルダムがあと三十分で跡形もなく崩れ落ちる瀬戸際に立たされた晩であるからだけでなく、誰もが痛切な願いを抱き、心をひとつにした日でもあったからである。世界中から、友人や仕事仲間が瞬時に手を差しのべ、各々の心の痛み、わたしへのいたわりを伝えてくれた。アラン・リトルはカリフォルニアから、スーザン・クランピットはワシントンから、シェイン・ダニエルソンはロサンゼルスから、サイモン・トレウィン、ファラー・ネイエリ、ピーターとイロナ・サシツキー、ニコラス・ケントとビル・スウェインソンはロンドンから、ペドロ・ウリオルはマドリードから、ドミニク・ランペルールとイオン・バベヌは広島から、ソフィア・アラム、フィアクラ・ギボンズとポーリーン・ドーヴァンはセーヌ川の対岸から、ブノワ・カンビヤールは夜明け前にもう一度電話をかけてくれた。ケン・ローチは翌日テキストメッセージを寄せ、どれほど深く心を動かされたか教えてくれた。「ノートルダムの堂内に立つと必ず感動したから、きみがどんな思いでいるか想像がつく」。

見知らぬ人から親切にされると、いつも不意を打たれて驚くとともに心を打たれる。三日後、ヴェネツィアで屋台の売り子が、わたしがパリから来たと知ると、近寄ってきてこう言った。「ノートルダムが焼けているのを見て、胸が悪くなりましたよ」。そうした皆さんの気遣いにお礼を申し上げたい。

本書が要を得たものになったとすれば、それは建築家、美術史家、作家、パン職人、教師、高位聖職者、養蜂家、大使、将軍の皆さんが貴重な時間を割き、快くわたしを手助けしようとさまざまに教えてくださったおかげである。とりわけジャン゠クロード・ガレ准将、司教総代理ブノワ・ド・シヌティ師、歴史建造物保存委員会の主任建築家フィリップ・ヴィルヌーヴ、ジャック・ムーラン、マリー゠エレーヌ・ディディエ、ピエール゠アントワーヌ・ガティエ、物知りのフィリップとセシール・ド・コセ゠ブリサック、ジル・ドルーアン神父、作家で登山家のシルヴァン・テッソン、美術史家アドリアン・ゲッツ、養蜂家シビル・ムーラン、文化人類学者クローディ・ヴォワズナ、ヴェロニカ・ワンド゠ダニエルソン大使、そして最後になったが忘れてはならないジャーナリスト兼編集者のジャン゠ドミニク・メルシェと目端の利くリンデン・ローソンにもひとかたならぬお世話になった。

調査は骨が折れ、中世研究の碩学ジョルジュ・デュビーの蒙を啓くことばと、本書の執筆中毎日伴奏してくれたルネサンス期の作曲家ジョヴァンニ・ピエルルイジ・デ・パレストリーナの音楽抜きには、到底最後までやり抜けなかったろう。

最後にお礼のひとことを、いつもそばにいてくれたフランソワ、ガランス、ニコル、アンリ゠ルイ、ジャン゠ノエルに捧げたい。それからアンジェリーク・クリサフィスにも、焰に包まれるノートルダムを見つめ、貴重な時間をともに過ごしてくれたことに感謝する。

二〇一九年十二月、パリ

アニエス・ポワリエ

訳者あとがき

本書は *Notre-Dame: The Soul of France* by Agnès Poirier, Oneworld Publications, 2020 の全訳です。

著者のアニエス・ポワリエさんの経歴は前著『パリ左岸』の訳者あとがきにも記しましたが一応たしかめようとご本人のウェブサイト https://www.agnespoirier.org/ を覗いてみると、Bio の項にこうありました。「フランス生まれ／パリとロンドンで教育を受ける／ヴェネツィアをぶらつくのが好き／おしゃべり／ソルボンヌ／パリ政治学院／ロンドン・スクール・オブ・エコノミクス／とかなんとか／映画好き&葡萄酒好き／心の底から／ヨーロッパ人」。どうやら身の上話はこれくらいでと言いたげなので、経歴はこの程度にしておきましょう。

現在はセーヌ川をはさんでノートルダム大聖堂と向かい合う左岸のアパルトマンに家族と暮らし、ジャーナリストとしてイギリスとフランスの主要な新聞、雑誌に両国の政治、文化について多くの記事を寄稿、テレビのコメンテーターとしても活躍するかたわら、著述にも励んでいます。

「ロンドン・タイムズ」紙の書評に「今年刊行される本のなかに、書き出しからこれほど読み手の心を鷲摑みにするものはまずないだろう」とあるように、台所の窓から日々眺めるノートルダムから煙がもくもくと立ち昇るのを見て、著者が階段を駆けおりるところから始まり、ノートルダムと関わりのあるさまざまな人々が、その日その時にいた場所から必死の思いで現場に駆けつける後を追い、実際に消火にあたった消防隊員の活躍ぶり、その一挙手一投足を目に浮かぶように描いて、火災当日のありさまをまさに迫真の筆致で綴る一章につづき、二章からはノートルダムを狂言回しにフランス史を概観する趣があり、それがたんに事実を羅列した退屈な記述に陥らないのは、著者独自の史観に基づく視点の確かさ、種々の史実を読み物にまとめ上げる並々ならぬ筆力、そして史実の細部に宿る突拍子もない可笑しみを見逃さない、皮肉とユーモアに聡い目のおかげでしょう。ノートルダム再建をめぐる諸事情を説く結びの十一章では、尖塔のデザインに現代的な要素を添えようと目論んだ人々に対する著者の反発が明らかですが、これは幸い昨年七月に決着がつき、専門家の意見を入れてマクロン大統領が尖塔は焼失したものとまったく同じに復元するとの決定を公表しています。著者も胸をなで下ろしたことでしょう。著者はまた五年以内にノートルダムを再建するというマクロン大統領の発言にも首を傾げる様子ですが、こちらは目安として今も通用するらしく、ノートルダムの再建に関するさまざまなニュースを伝える新聞記事は必ずといってよいほどこの目標に言及しています。二〇二四年夏に予定されるパリ・オリンピックに間に合わせたいという願いもこめられているのかもしれません。この章ではもうひとつのノートルダム、郊外のスラムに建てられた「ホームレスと万人のための聖母礼拝堂」に触れ、火災の数日後にスリランカの教会で起きた悲劇にも着目しているところに、著者の心構えをみることができそうです。

　さてノートルダムの二〇二一年二月現在の状況はというと、火災は尖塔の修復工事の最中に起きたため、四万本のパイプを組んだ総重量二百トンの足場が焔に焼かれて溶けたり千切れたり、あちこち傷ついたまま垂れ下がって、そうでなくてもいつ崩れてもおかしくない状態の大聖堂を再建するにあたり、とくに危険で厄介な障害になっていました。これを撤去する作業がようやく二〇二〇年十一月二十四日に無事終了し、焼け残った建物の強度を高め、安定化させる作業が今もつづいています。それと並行して堂内に二十四ある礼拝堂のうち二つで洗浄、修復のテストが行なわれ、長い年月の間に降り積もった埃を拭ったところ、ヴィオレ＝ル＝デュクが修復を手がけた当時の素晴らしい色彩が蘇ったとの嬉しい報せもありました。また現在は尖塔の再建に用いる樹齢百年から百五十年の樫材一千本を調達するための調査も進んでいます。材はまっすぐで直径五十センチから九十センチ、長さは八メートルから十四メートルなければなりません。樹液の上る三月までに伐採する必要があり、製材する前に最大十八か月間乾燥させなければならないとのこと。これには国有林だけではとうてい間に合いませんが、幸い個人の山林地主から寄付の申し出が相次いでいるそうです。大聖堂の構造の安定化作業は年内で完了し、来年早々にはいよいよ修復工事が始まる予定とのことです。

著者のアニエス・ポワリエさん一家はだれもが温泉好きで毎年日本を訪れ、これまでにもすでに東北から九州まで各地の名湯巡りをしているそうです。二〇一九年の来日はちょうど白水社から前著『パリ左岸』が刊行された翌月のことでしたので、お会いしていろいろ話を伺うことができました。そのときまず話題に上ったのが本書『ノートルダム』で、出発前は大忙し、ようやく書き上げて編集者に原稿を手渡しほっとして飛行機に乗ったという話を聞き、興味をもって原稿を読ませてもらうことにしたのでした。じつは『パリ左岸』の次は時代をさらにさかのぼり、またところを左岸から右岸に変え、しかし群像を描いて歴史を語らせる同じ趣向の『パリ右岸』を書こうと準備を進めているときにノートルダムの火災を目撃し、どうしてもこれを一冊の本にまとめる必要を感じて急遽計画を変更したそうです。フランスも新型コロナウイルスの影響を受けて生活環境には大きな変化が生じているのでしょうが、精力的な著者のことですから、それほど遠くない時期に『パリ右岸』脱稿の報せが届くのではないかと思います。

本書五十ページに学問都市として名を挙げたパリに集う若者たちがしっかり勉強しようと小部屋を借りたのがプティ・ポン通りとあるのを見て、どっと昔日の思い出が蘇り胸がつまりました。ぼくがフランス語の会話に耳をそばだて、初めはおよそ二百ほどの語彙を総動員してなるべく学校で教わった構文に近い順序で並べ、発音にも気をつけて、いったい何を話したものやら今となっては思い出すこともできませんが、夜ごと異国の新しい友人、知人と話し込んだのは、そのプティ・ポン通りから四、五軒先の赤い扉のバーだったのです。ウィリアム・クラインの映画のタイトルにちなみ〈ポリー・マグー〉と名づけられたバーの椅子は地下鉄の古い車両に使われていたものをそのまま、テーブルはドアを天板に転用して脚をつけてあり、となれば背もたれは直角に立ち上がり、ゆったりもたれるようにはできていないけれども、だれもそんなことを気にするひともなく、一杯一フラン四十サンチーム（当時の換算レートで八十五円ほど）で夕方から真夜中過ぎまで粘っても不満の声はあがらず、たまにお代わりなどすると顔なじみのギャルソンが大丈夫か、そんなこととしてと心配してくれるような店でした。

大学をしばらく休学してパリに出かけてから、驚いたことにそろそろ半世紀が経とうとしていますが、それはさておき一年目の春から翌年の秋にかけての下宿先はノートルダムを基点に北へ徒歩十分、通学先の大学は南へ十五分、便の悪い地下鉄を使うより歩くほうが早いので、毎日街の景色と道行く人々を眺めながら徒歩で往復しました。というわけでノートルダム大聖堂は昼間の通学時に行きと帰りの二度、日が暮れてからは〈ポリー・マグー〉との往復に二度、都合毎日四回、前や後ろを通って親しんだ建物です。外からみると石造り、たまに堂内に入って上を見上げても、目に映るのはアーチ型の天井ばかりでその裏に「森」と呼ばれる樫材の巨大な木組みが潜んでいるとは夢にも思わず、火災と聞いてもいったい燃えるものがあるのかと訝ったほどでした。本書を読むとノートルダムがフランスの歴史にじつに大きな役割を果たしてきたことがわかり、また火災によって倒壊寸前まで追いこまれたこともわかり、実際パリで暮らしていた頃にはあんなふうにいつもそこにあるものと思ってたいして気にもとめずに通り過ぎていた建物が、今になって身近に感じられるようになりました。

三、四、五章のフランス近代史に関わる訳語の選択について丁寧にお教えくださった楠田悠貴さん、英語の読み取りに関する質問に快く応えてくださった和空ミラーさん、内容にふさわしい装丁を工夫してくださった細野綾子さん、ふだんにも増して多くの調べ物を引き受け、数多くの有用な助言をしてくださった白水社編集部の金子ちひろさんに心からお礼を申し上げます。

二〇二一年二月

木下哲夫

パリ左岸　1940-50年

アニエス・ポワリエ　　木下哲夫 訳

目まぐるしく移りゆく社会情勢と世相を背景に、戦後、新たな時代の幕開けを彩り、歴史に名を刻んだ人々の人生が交錯する瞬間を活写。

あらゆる文士は娼婦である

19世紀フランスの出版人と作家たち

石橋正孝、倉方健作

名作誕生の裏には編集者・出版者・書店あり。手練手管、権謀術策、偶然と必然——作家たちとわたりあった6人の出版人の奮闘物語。

モンマルトル風俗事典

鹿島茂

19世紀、モンマルトルに花開いたカフェ、キャバレーの数々……そこに渦巻く人間模様を生き生きと再現。この一冊で、あの小説もあの絵画も、一味ちがった楽しみかたができる！

職業別　パリ風俗

鹿島茂

弁護をしない「代訴人」、情報通の「門番女」、自営の「高級娼婦」？　名作に登場する職業から19世紀フランス社会の実態に迫る！［カラー口絵8頁］　【白水Uブックス版】

訳者略歴

一九五〇年生まれ。京都大学経済学部卒。翻訳家。
訳書に、S・N・バーマン『画商デュヴィーンの優雅な商売』（筑摩書房）、T・シュヴァリエ『真珠の耳飾りの少女』、A・ベイリー『フェルメール　デルフトの眺望』、R・シャタック『祝宴の時代』、J・リチャードソン『ピカソI』『ピカソII』『ピカソIII』、A・ポワリエ『パリ左岸』（以上、白水社）、C・トムキンズ『マルセル・デュシャン』、S・プリドー『ムンク伝』（以上、みすず書房）、D・ホックニー『秘密の知識』（青幻舎）、『ジョナス・メカス　ノート、対話、映画』（せりか書房）、J・E・B・ブレズリン『マーク・ロスコ伝記』（ブックエンド）など多数。

ノートルダム　フランスの魂

二〇二一年三月一五日　印刷
二〇二一年四月一〇日　発行

著者　アニエス・ポワリエ
訳者 ©　木《きの》下《した》哲《てつ》夫《お》
発行者　及川直志
印刷所　株式会社三陽社
発行所　株式会社白水社

東京都千代田区神田小川町三の二四
電話　営業部〇三（三二九一）七八一一
　　　編集部〇三（三二九一）七八二一
振替　〇〇一九〇‐五‐三三二二八
　　　郵便番号　一〇一‐〇〇五二
www.hakusuisha.co.jp
乱丁・落丁本は、送料小社負担にてお取り替えいたします。

株式会社松岳社

ISBN978-4-560-09834-9

Printed in Japan

▷本書のスキャン、デジタル化等の無断複製は著作権法上での例外を除き禁じられています。本書を代行業者等の第三者に依頼してスキャンやデジタル化することはたとえ個人や家庭内での利用であっても著作権法上認められていません。

索引

サ行

マ行

ヤ行

ラ行

ワ行

参考文献

書籍・学術論文

Auzas, Pierre-Marie, *Les Grandes heures de Notre-Dame de Paris* (Paris: Tel, 1951)
Bazoches, Canon Guillaume de, *Éloge de Paris* (c. 1175)
Bercé, Françoise (ed.), *La Correspondance Mérimée - Viollet-le-Duc* (Paris: CTHS, 2001)
Bercé, Françoise, *Viollet-le-Duc* (Paris: Patrimoine, 2013)
Boulart, Jean-François, *Mémoires militaires du général Baron Boulart sur les guerres de la République et de l'Empire* (Paris: Librairie illustrée, no date)
Bove, Boris and Claude Gauvard (eds.), *Le Paris du Moyen Âge* (Paris: Belin, 2014)
Brassaï, *Conversations avec Picasso* (Paris: Gallimard, 1964)［ブラッサイ『語るピカソ』飯島耕一・大岡信訳、みすず書房、1968年］
Cazaux, Yves, *Journal secret de la libération* (Paris: Albin Michel, 1975)
Chapuy and F. T. de Jolimont, *Vues pittoresques de la cathédrale de Paris et détails remarquables de ce monument* (Paris: Leblanc, 1823)
Christiansen, Rupert, *City of Light: The Reinvention of Paris* (London: Head of Zeus, 2018)
Constant, *Mémoires intimes de Napoléon Ier* (Paris: Société des publications littéraires illustrées, 1909)
Correspondance de Napoléon Ier publiée par ordre de l'empereur Napoléon III, 32 vols (Paris, 1858–69)
Delpech, David, *La France de 1799 à 1848: entre tentations despotiques et aspirations libérales* (Paris: Armand Colin, 2014)
Didier, Alexandre, 'Les Origines de la municipalité parisienne', *Mémoires de la Société de l'histoire de Paris et de l'Île de France*, 49, 1927
Dubu, M. *Histoire, description et annales de la basilique de Notre-Dame de Paris* (Paris: Ambroise Bray, 1854)
Duby, Georges, *The Age of the Cathedrals: Art and Society 980-1420*, tr. Eleanor Levieux and Barbara Thompson (London: Croom Helm, 1981)
Erlande-Brandenburg, Alain, *Notre-Dame de Paris* (Paris: Nathan, 1991)
Erlande-Brandenburg, Alain, *Le Roi est mort: étude sur les funérailles, les sépultures et les tombeaux des rois de France jusqu'à la fin du treizième siècle* (Geneva: Droz, 1975)
Gaulle, Charles de, *Mémoires de guerre II: l'unité 1942–1944* (Paris: Plon, 1956)［シャルル・ド・ゴール『ド・ゴール大戦回顧録Ⅳ　統一Ⅱ 1942–1944』村上光彦・山崎庸一郎訳、みすず書房、1999年］
Glass, Charles, *Americans in Paris: Life and Death under Nazi Occupation 1940-1944* (London: HarperPress, 2009)
Goetz, Adrien, *Notre-Dame de l'Humanité* (Paris: Grasset, 2019)
Hugo, Victor, *Notre-Dame de Paris*, tr. Alban Krailsheimer (Oxford: Oxford University Press, 1993)［ヴィクトル・ユゴー『ノートル=ダム・ド・パリ』上・下、辻昶・松下和則訳、岩波文庫、2016年］

Huysmans, Joris-Karl, *La Cathédrale* (Paris: Tresse & Stock, 1898) [J＝K・ユイスマンス『大伽藍　神秘と崇厳の聖堂讃歌』出口裕弘訳、平凡社ライブラリー、1995年]
Jordan, David P., *Transforming Paris: The Life and Labors of Baron Haussmann* (New York: Free Press, 1995)
Kennan, George F., *Sketches from a Life* (New York: Pantheon, 1989)
Kraus, Henry, *L'Argent des cathédrales*, tr. Laurent Medzadourian and Dominique Barrios-Delgado (Paris: Cerf, 2012)
Laveissière, Sylvain, *'Le Sacre de Napoléon' peint par David* (Paris: Louvre, 2004)
L'Estoile, Pierre de, *Journal pour le règne de Henri IV, vol. I: 1589-1600* (Paris: Gallimard, 1948)
Mortet, Victor, *Maurice de Sully, évêque de Paris 1160-1196: étude sur l'administration épiscopale pendant la seconde moitié du XIIe siècle* (Paris: 1890)
Nora, Pierre (ed.), *Les Lieux de Mémoire*, 3 vols (Paris: Gallimard, 1997)
Notre-Dame de Paris 1163–1963: exposition du huitième centenaire organisée par la direction des Archives de France à la Sainte Chapelle, juin-octobre 1963 (Paris: Direction des Archives de France, 1963)
Perrot, Alain-Charles (ed.), *Les Architectes en chef des monuments historiques 1893-1993, centenaire du concours des ACMH* (Paris: HM, 1994)
Pillorget, René, *Paris sous les premiers Bourbons 1594-1661* (Paris: Hachette, 1988)
Prudhomme, Louis-Marie, *Révolution de Paris* (Paris: Imprimerie des Révolutions, 1792), vol. VII
Roberts, Andrew, *Napoleon: A Life* (London: Penguin, 2014)
Robson, C.A., *Maurice de Sully and the Medieval Vernacular Homily* (Oxford: Basil Blackwell, 1952)
Ségur, Louis-Philippe de, *Extrait du cérémonial relatif au couronnement de Leurs Majestés impériales* (Paris: Imprimerie impériale, Frimaire An XIII (1804))
Spitzer, Sébastien, *Dans les flammes de Notre-Dame* (Paris: Albin Michel, 2019)
Tesson, Sylvain, *Notre-Dame de Paris: Ô reine de douleur* (Paris: Équateurs, 2019)
Viollet-le-Duc, Eugène, *Dictionnaire raisonné de l'architecture française du XIe au XVIe siècle*, 10 vols (Paris: A. Morel, 1854–68) [ウジェーヌ・ヴィオレ＝ル＝デュク『フランス中世建築事典　第1巻』黒岩俊介編訳、kindle版、2018年]
Viollet-le-Duc, Eugène, 'Du style gothique au XIXe siècle', *Annales archéologiques*, 4, 1846
Viollet-le-Duc, Eugène, *Entretiens sur l'architecture*, 2 vols (Paris: Librairies éditeurs, 1863–72) [E・E・ヴィオレ＝ル＝デュック『建築講話 I』飯田喜四郎訳、中央公論美術出版、2004年]

ウェブサイト

https://allo18-lemag.fr/notre-dame-dans-la-peau-du-dessinateur-operationnel/
http://www.compagnie-acmh.fr
https://www.defense.gouv.fr/fre/actualites/articles/le-saviez-vous-la-planche-des-pompiers-de-paris
https://www.elysee.fr/emmanuel-macron/2019/04/15/incendie-cathedrale-notre-dame-de-paris

https://www.europe1.fr/societe/il-est-entre-dans-notre-dame-pendant-lincendie-des-morceaux-de-bois-incandescents-tombaient-un-peu-partout-3893436
https://www.francetvinfo.fr/culture/musique/classique/quot-bach-to-the-futurequot-l-039-organiste-olivier-latry-offre-bach-a-notre-dame-de-paris_3293749.html
https://www.francetvinfo.fr/culture/patrimoine/incendie-de-notre-dame-de-paris/seulement-9-des-promesses-de-dons-pour-notre-dame-de-paris-ont-ete-versees_3488763.html
https://www.ina.fr/audio/PHD86069770
https://www.ina.fr/audio/PHD89000578（現在は閲覧不可）
https://www.ina.fr/video/I00012416/charles-de-gaulle-video.html
https://www.napoleon-empire.net/chronologie/chronologie-1802.php
https://www.notredamedeparis.fr
https://www.pompiersparis.fr/fr/presentation/historique

新聞・雑誌記事

Beaux Arts, *hors série: Notre-Dame de Paris, telle qu'on ne la verra plus!*, 23 April 2019
Bommelaer, Claire, 'Les Français opposés à une loi d'exception', *Le Figaro*, 9 May 2019
Ducros, Christine, 'Didier Durand, l'artisan devenu sauveur de Notre-Dame', *Le Figaro*, 24 July 2019
Editorial, *Combat*, 25 August 1944
Hurst, Andrew, '"Miracle" as fi reman saves Turin shroud', *Independent*, 13 April 1997
Marshall, Alex, 'Notre-Dame musicians rejoice that the cathedral's organ was spared', *New York Times*, 24 April 2019
Remy, Vincent, 'Notre puissance technique nous rend très vulnérables', *Télérama*, 24 April 2019
Sartre, Jean-Paul, recollection, *Combat*, 2 September 1944

ラジオ放送

Racines et des Ailes: les 850 ans de Notre-Dame, France 3, March 2013

原注

フランス語からの翻訳のうち、訳者名を記していないものはすべて著者による。

まえがき

1 Parvis とは「前庭あるいは建物正面の広場」の意。『オックスフォード英語辞典 古フランス語由来の中世英語』によれば、後期ラテン語の *paradisus*（'paradise'）に基づく。

2 Brassaï, *Conversations avec Picasso* (Paris: Gallimard, 1964), p. 232.［ブラッサイ『語るピカソ』飯島耕一・大岡信訳、みすず書房、1968 年］

1　2019 年 4 月 15 日――火災の夜

1 ギヨーム・ド・バゾシュ参事会員が 1175 年頃に執筆した *Éloge de Paris*（『パリ礼賛』）による。

2 https://www.notredamedeparis.fr.

3 ブノワ・ド・シヌティ司教総代理、2019 年 7 月 11 日、著者とのインタヴュー。

4 マリー゠エレーヌ・ディディエ、2019 年 7 月 23 日、著者とのインタヴュー。

5 http://www.compagnie-acmh.fr.

6 Alain-Charles Perrot (ed.), *Les Architectes en chef des monuments historiques 1893–1993, centenaire du concours des ACMH* (Paris: HM, 1994).

7 ピエール・コシュローは 1955 年から 84 年までノートルダムの首席オルガニストを務め、20 世紀最高のオルガニストと目された。現在はオリヴィエ・ラトリー、ヴァンサン・デュボワ、フィリップ・ルフェーヴルの 3 人がその任にあたる。

8 ノートルダム大聖堂のウェブサイト内、'La cathédrale en chiffres'（数字で見る大聖堂）を参照。https://www.notredamedeparis.fr/la-cathedrale/les-informations-insolites/la-cathedrale-en-chiffres.（現在は閲覧不可）

9 フィリップ・ヴィルヌーヴ、2019 年 7 月 24 日、著者とのインタヴュー。

10 ジャン゠クロード・ガレ准将、2019 年 7 月 22 日、著者とのインタヴュー。

11 パリ消防旅団（BSPP）ウェブサイト内、'Historique'（歴史）を参照。https://www.pompiersparis.fr/fr/presentation/historique.（2021 年 2 月 25 日閲覧）

12 パリ消防隊に女性隊員の占める割合は 3 パーセント。

13 Aude Borel, 'Le saviez-vous? La planche des pompiers de Paris'. フランス軍事省ウェブサイト、2016 年 7 月 27 日の項を参照。https://www.defense.gouv.fr/fre/actualites/articles/le-saviez-vous-la-planche-des-pompiers-de-paris.（2021 年 2 月 25 日閲覧）

14 Adrien Goetz, *Notre-Dame de l'Humanité* (Paris: Grasset, 2019), p. 8.

15 Ibid., p. 9.

16 Ibid., p. 10.

17 Sébastien Spitzer, *Dans les flammes de Notre-Dame* (Paris: Albin Michel, 2019), p. 63.

18 Brigade de Recherche et d'Intervention の頭文字。

19 13万5千リーヴル、または王室財産の半分に相当。

20 ローラン・プラド、フランスのラジオ局 Europe 1 の 2019 年 4 月 17 日の放送。以下で視聴可能。https://www.europe1.fr/societe/il-est-entre-dans-notre-dame-pendant-lincendie-des-morceaux-de-bois-incandescents-tombaient-un-peu-partout-3893436.（2021 年 2 月 25 日閲覧）

21 Spitzer, *Dans les flammes de Notre-Dame*, p. 151.

22 「『すべてが失われたように思われた。グアリーニ礼拝堂の一部が崩落しつつあり、すべて――柩、祭壇、我々全員――がその下に埋もれる危険性大だった』。のちにトレマトーレはこう語った。そこでかれはなかに入った」。Andrew Hurst, '"Miracle" as fireman saves Turin shroud', *Independent*, 13 April 1997.

23 Spitzer, *Dans les flammes de Notre-Dame*, p. 140.

24 ローラン・クレルジョがパリ消防隊のオンライン・マガジン *Allo Dix-huit* でこう語った。 https://allo18-lemag.fr/notre-dame-dans-la-peau-du-dessinateur-operationnel/.（2021 年 2 月 25 日閲覧）

25 ジャン＝クロード・ガレ准将、2019 年 7 月 22 日、著者とのインタヴュー。

26 同上。

27 Spitzer, *Dans les flammes de Notre-Dame*, p. 132.

28 Ibid., p. 133.

29 ジャン＝クロード・ガレ准将、2019 年 7 月 22 日、著者とのインタヴュー。

30 Goetz, *Notre-Dame de l'Humanité*, p. 10.

31 'Cette cathédrale Notre-Dame, nous la rebâtirons'（このノートルダム大聖堂を我々は再建する）、フランス共和国大統領官邸ウェブサイト、2019 年 4 月 15 日の項を参照。https://www.elysee.fr/emmanuel-macron/2019/04/15/ incendie-cathedrale-notre-dame-de-paris.（2021 年 2 月 25 日閲覧）

32 Goetz, *Notre-Dame de l'Humanité*, p. 12.

33 マリー＝エレーヌ・ディディエ、2019 年 7 月 23 日、著者とのインタヴュー。

34 ジャン＝クロード・ガレ准将、2019 年 7 月 22 日、著者とのインタヴュー。

2　1163 年――礎石

1 *'Si ce monument est un jour achevé, aucun autre ne pourra lui être comparé.'* ロベール・ド・トリニーはノルマン人の修道士、イギリスのヘンリー 2 世の顧問。1154 年から 86 年までノルマンディーのモン・サン＝ミシェル修道院長を務めた。

2 Henry Kraus, *L'Argent des cathédrales*, tr. Laurent Medzadourian and Dominique Barrios-Delgado (Paris: Cerf, 2012), p. 25.

3 Boris Bove and Claude Gauvard (eds), *Le Paris du Moyen Âge* (Paris: Belin, 2014), p. 7.

4 おおよそ今日の 1 区と 4 区。

5 Kraus, *L'Argent des cathédrales*, p. 25 によると、公式に認められたのは 1312 年のこと。

6 Bove and Gauvard, *Le Paris du Moyen Âge*, p. 24.

7 Ibid., p. 26.

8 Alexandre Didier, 'Les Origines de la municipalité parisienne', *Mémoires de la Société de*

l'histoire de Paris et de l'Île de France, 49, 1927, p. 266.

9 Kraus, *L'Argent des cathédrales*, p. 27.

10 Georges Duby, *The Age of the Cathedrals: Art and Society 980–1420*, tr. Eleanor Levieux and Barbara Thompson (London: Croom Helm, 1981), p. 112.

11 Ibid., p. 93.

12 Ibid., p. 112.

13 Pierre-Marie Auzas, *Les Grandes Heures de Notre-Dame de Paris: huit siècles d'histoire dans la plus célèbre cathédrale de France* (Paris: Tel, 1951), p. 15.

14 Kraus, *L'Argent des cathédrales*, p. 10.

15 同上 37 ページに以下の引用。Victor Mortet, *Maurice de Sully, évêque de Paris 1160–1196: étude sur l'administration épiscopale pendant la seconde moitié du XIIe siècle* (Paris: 1890).

16 Alain Erlande-Brandenburg, *Notre-Dame de Paris* (Paris: Nathan, 1991), p. 50.

17 死亡記事 252 番。Kraus, *L'Argent des cathédrales*, p. 36 に引用。

18 死亡記事 214 番。同上 37 ページに引用。

19 Ibid., p. 37.

20 Ibid., p. 31.

21 Ibid., p. 43.

22 Kraus, *L'Argent des cathedrals*, p. 34 に引用された C.A. Robson, *Maurice de Sully and the Medieval Vernacular Homily* (Oxford: Basil Blackwell, 1952), pp. 110–13 を参照。

23 Kraus, *L'Argent des cathédrales*, p. 42.

24 Duby, *The Age of the Cathedrals*, p. 94.

25 Kraus, *L'Argent des cathédrales*, p. 39.

26 Duby, *The Age of the Cathedrals*, p. 95.

27 Ibid., p. 155.

28 Pierre Nora (ed.), *Les Lieux de mémoire* (Paris: Gallimard, 1997), vol. III, p. 4185.

29 現在は大英博物館蔵。Alain Erlande-Brandenburg, *Le Roi est mort: étude sur les funérailles, les sépultures et les tombeaux des rois de France jusqu'à la fi n du treizième siècle* (Geneva: Droz, 1975), p. 42.

30 Sylvain Tesson, *Notre-Dame de Paris: Ô reine de douleur* (Paris: Équateurs, 2019), p. 39.

31 Erlande-Brandenburg, *Notre-Dame de Paris*, p. 65.

32 Ibid., p. 50.

33 洗礼堂は 6 世紀の *Vie de Sainte-Geneviève*（『聖ジュヌヴィエーヴの生涯』）で言及される。聖ジュヌヴィエーヴはパリがアッティラに攻撃された 451 年に洗礼堂に隠れ、難を逃れたとされる。

34 Erlande-Brandenburg, *Notre-Dame de Paris*, p. 54.

35 Ibid., p. 43.

36 Ibid., p. 46.

37 Ibid., p. 46.

38 Ibid., p. 54.

39 Ibid., p. 78.

40 Ibid., p. 78.
41 Ibid., p. 80.
42 Duby, *The Age of the Cathedrals*, p. 147.
43 Nora, *Lieux de mémoire*, vol. III, p. 4185.
44 Alain Erlande-Brandenburg, 'Une tête de prélat provenant du portail du Couronnement de la Vierge à NDP', *Revue du Louvre et des musées de France*, 1986, pp. 186-91.
45 Chapuy and F.T. de Jolimont, *Vues pittoresques de la cathédrale de Paris et détails remarquables de ce monument* (Paris: Leblanc, 1823), p. 5.
46 Duby, *The Age of the Cathedrals*, p. 111.

3 1594年と1638年——ブルボン王朝

1 アンリ4世のことばとするのは誤り。1622年に諷刺雑誌 *Les Caquets de l'accouchée* に初めて登場し、シュリー公爵の言とされる。とはいえ、今日でも通用するそのことばの意味は、パリ（権力）が手に入るなら、ミサに出るという犠牲（ひいては、カトリックへの改宗）を払っても、それだけの価値があるということである。
2 René Pillorget, *Paris sous les premiers Bourbons 1594-1661* (Paris: Hachette, 1988), p. 12.
3 ピエール・ド・レストワールの当時の日記は、本章で説明する出来事に関して貴重な情報を提供してくれる。Pierre de L'Estoile, *Journal pour le règne de Henri IV, vol. I: 1589-1600* (Paris: Gallimard, 1948), pp. 375-6.
4 Pierre Nora (ed.), *Lieux de mémoire* (Paris: Gallimard, 1997), vol. III, p. 4190.
5 M. Dubu, *Histoire, description et annales de la basilique de Notre-Dame de Paris* (Paris: Ambroise Bray, 1854), p. 42.

4 1789年——理性、最高存在、そしてワイン

1 Pierre Nora (ed.), *Lieux de mémoire* (Paris: Gallimard, 1997), vol. III, p. 4197.
2 Ibid., vol. III, pp. 4195-6.
3 Louis-Marie Prudhomme, *Révolution de Paris* (Paris: Imprimerie des Révolutions, 1792), vol. VII, p. 487.
4 M. Dubu, *Histoire, description et annales de la basilique de Notre-Dame de Paris* (Paris: Ambroise Bray, 1854), p. 286.
5 Pierre-Marie Auzas, *Les Grandes Heures de Notre-Dame de Paris: huit siècles d'histoire dans la plus célèbre cathédrale de France* (Paris: Tel, 1951), p. 30.
6 Dubu, *Histoire, description et annales de la basilique de Notre-Dame de Paris*, p. 287.
7 Auzas, *Les Grandes Heures de Notre-Dame de Paris*, p. 30.

5 1804年——ナポレオンの戴冠式

1 M. Dubu, *Histoire, description et annales de la basilique de Notre-Dame de Paris* (Paris: Ambroise Bray, 1854), p. 292.

2 教皇の支配を制限し、独立性を高めようとしてフランスのローマ・カトリックの聖職者が起こした運動（1682年）。

3 Pierre-Marie Auzas, *Les Grandes Heures de Notre-Dame de Paris: huit siècles d'histoire dans la plus célèbre cathédrale de France* (Paris: Tel, 1951), p. 31.

4 Ibid., p. 30.

5 Ibid., p. 31.

6 Dubu, *Histoire, description et annales de la basilique de Notre-Dame de Paris*, p. 293.

7 'Napoléon & empire: 1802. La paix et le consulat à vie', https://www.napoleon-empire.net/chronologie/chronologie-1802.php.（2021年2月25日閲覧）

8 Andrew Roberts, *Napoleon: A Life* (New York: Viking, 2014), p. 329.

9 Ibid., p. 331.

10 最終結果は賛成357万2329票、反対2579票。Ibid., p. 348.

11 1804年9月15日、ナポレオンからピウス7世に宛てた手紙。*Correspondance de Napoléon Ier publiée par ordre de l'empereur Napoléon III* (Paris, 1858–69), vol. IX, p. 525.

12 1804年9月21日、ナポレオンからカンバセレスに宛てた手紙。Ibid., vol. IX, p. 675.

13 Sylvain Laveissière, *'Le Sacre de Napoléon' peint par David* (Paris: Louvre, 2004), p. 32.

14 Dubu, *Histoire, description et annales de la basilique de Notre-Dame de Paris*, p. 296.

15 Auzas, *Les Grandes Heures de Notre-Dame de Paris*, p. 31.

16 Laveissière, *'Le Sacre de Napoléon' peint par David*, p. 30.

17 Ibid., p. 31.

18 ナポレオンの召使いコンスタンがこれについて回想録に書き残した。*Mémoires intimes de Napoléon Ier* (Paris: Société des publications litteraires illustrées, 1909), p. 242.

19 Laveissière, *'Le Sacre de Napoléon' peint par David*, p. 41.

20 Ibid., p. 50.

21 Jean-François Boulart, *Mémoires militaires du général Baron Boulart sur les guerres de la République et de l'Empire* (Paris: Librairie illustrée, no date), p. 124.

22 Louis-Philippe de Ségur, *Extrait du cérémonial relatif au couronnement de Leurs Majestés impériales* (Paris: Imprimerie impériale, Frimaire An XIII (1804)), section III, p. 1.

23 Dubu, *Histoire, description et annales de la basilique de Notre-Dame de Paris*, p. 296..

24 Ibid., p. 292.

6 1831年——ヴィクトル・ユゴーの小説はいかにしてノートルダムを救ったか

1 以下に記述がある。David Delpech, *La France de 1799 à 1848: entre tentations despotiques et aspirations libérales* (Paris: Armand Colin, 2014), p. 132.

2 Victor Hugo, *Notre-Dame de Paris*, tr. Alban Krailsheimer (Oxford: Oxford University Press, 1993), p. 119.［ヴィクトル・ユゴー『ノートル＝ダム・ド・パリ』上・下、辻昶・松下和則訳、岩波文庫、2016年］

3 1943年、モーリス・ブランショのことば。アドリアン・ゲッツが Victor Hugo,

Notre-Dame de Paris（Paris: Gallimard, 2009）, p. 10の序文に引用。
4 Georges Duby, *The Age of the Cathedrals: Art and Society 980–1420*, tr. Eleanor Levieux and Barbara Thompson（London: Croom Helm, 1981）, p. 166.
5 Ibid., p. 184.

7　1844年——ヴィオレ＝ル＝デュク

1 1835年5月18日、ヴィオレ＝ル＝デュクが父に宛てた手紙。
2 Françoise Bercé, *Viollet-le-Duc*（Paris: Patrimoine, 2013）, p. 45.
3 Ibid., p. 51.
4 *La Correspondanc Mérimée - Viollet-le-Duc*, ed. Françoise Bercé（Paris: CTHS, 2001）, p. 53.
5 Eugène Viollet-le-Duc, *Entretiens sur l'architecture*（Paris: Librairies éditeurs, 1863）, vol. I, p. 22.
6 Bercé, *Viollet-le-Duc*, p. 58.
7 Eugène Viollet-le-Duc, 'Peinture', in *Dictionnaire raisonné de l'architecture française du XIe au XVIe siècle*（Paris: A. Morel, 1864）, vol. VII, pp. 56–109.
8 Bercé, *Viollet-le-Duc*, p. 94.
9 Ibid.
10 Ibid., p. 93.
11 ピエール＝アントワーヌ・ガティエ、2019年8月2日、著者とのインタヴュー。
12 Eugène Viollet-le-Duc, 'Du style gothique au XIXe siècle', Annales archéologiques, 4, 1846, p. 352.
13 フィリップ・ヴィルヌーヴ、2019年7月24日、著者とのインタヴュー。
14 レム・コールハース、2019年9月5日、ロッテルダムから著者のインタヴューに応えて。

8　1865年——オースマンがシテ島を「すっきり片づける」

1 Pierre-Marie Auzas, *Les Grandes Heures de Notre-Dame de Paris*（Paris: Tel, 1951）, p. 36.
2 Rupert Christiansen, *City of Light: The Reinvention of Paris*（London: Head of Zeus, 2018）, p. 42.
3 Ibid., p. 49.
4 David P. Jordan, *Transforming Paris: The Life and Labors of Baron Haussmann*（New York: Free Press, 1995）, pp. 199–202.
5 Pierre Nora（ed.）, *Lieux de mémoire*（Paris: Gallimard, 1997）, vol. III, p. 4206.
6 ピエール＝アントワーヌ・ガティエ、2019年8月2日、著者とのインタヴュー。

9　1944年——ド・ゴール将軍とパリ解放

1 Charles de Gaulle, *Mémoires de guerre II: l'unité 1942–1944*（Paris: Plon, 1956）, p. 314.〔シャルル・ド・ゴール『ド・ゴール大戦回顧録Ⅳ　統一Ⅱ 1942–1944』村上光彦・

山崎庸一郎訳、みすず書房、1999年]

2 Pierre Nora (ed.), *Lieux de mémoire* (Paris: Gallimard, 1997), vol. III, p. 4206.

3 Charles Glass, *Americans in Paris: Life and Death under Nazi Occupation 1940–1944* (London: HarperPress, 2009), p. 1によると、第二次世界大戦前にはパリ市内、近郊におよそ3万人のアメリカ人が暮らしていた。

4 Ibid.

5 George F. Kennan, *Sketches from a Life* (New York: Pantheon, 1989), p. 74.

6 Pierre-Marie Auzas, *Les Grandes Heures de Notre-Dame de Paris* (Paris: Tel, 1951), pp. 37–8.

7 Agnès Poirier, *Left Bank: Art, Passion and the Rebirth of Paris* 1940–50 (London: Bloomsbury, 2018), p. 66. [アニエス・ポワリエ『パリ左岸』木下哲夫訳、白水社、2019年]

8 「コンバ」誌1944年8月25日号。

9 Yves Cazaux, *Journal secret de la libération* (Paris: Albin Michel, 1975), p. 184.

10 現在のジェネラル・ルクレール大通り。

11 「コンバ」誌1944年9月2日号に掲載されたサルトルの回想。

12 De Gaulle, *Mémoires de guerre*, p. 290.

13 Ibid., p. 304.

14 Ibid.

15 Ibid., p. 306.

16 以下で視聴可能。https://www.ina.fr/video/I00012416/charles-de-gaulle-video.html. (2021年2月25日閲覧)

17 Ibid., p. 307.

18 Ibid., p. 308.

19 Ibid., p. 311.

20 Ibid.

21 Ibid.

22 Ibid.

23 Ibid., p. 313.

24 1944年8月26日のド・ゴール将軍暗殺未遂事件に関し、アンドレ・ジロワがフランスの国立放送局で放送した番組 *Soyez témoins* に収録された目撃者のインタヴュー。1956年1月26日に放送された。https://www.ina.fr/audio/PHD89000578. (現在は閲覧不可)

25 レーモン・マルシヤックの報告による。以下で参照可能。https://www.ina.fr/audio/PHD86069770. (2021年2月25日閲覧)

26 同上。

27 De Gaulle, *Mémoires de guerre*, p. 314.

28 Ibid., p. 321.

29 Ibid.

10　2013年——ノートルダムの鐘

1　1944年に創刊されたパリの日刊紙。2018年の発行部数は20万部近くに達する。

2　*Beaux Arts, hors série: Notre-Dame de Paris, telle qu'on ne la verra plus!*, 23 April 2019, p. 90.

3　最も多額の寄付を行なった個人、団体にはベタンクール家、シスレー財団が含まれる。

4　この鐘はオランダで作られたのち、他の8つの鋳造地ヴィルデュー＝レ＝ポエルに送られた。鐘は一括して1月31日にパリに向けて発送された。

5　ステファヌ・ムートンのインタヴュー。2013年3月にFrance 3のラジオ番組 *Racines et des ailes: les 850 ans de Notre-Dame* で放送された。

6　Victor Hugo, *Notre-Dame de Paris*, tr. Alban Krailsheimer（Oxford: Oxford University Press, 1993）, Book VII, Chapter 3, 'The Bells'.［ヴィクトル・ユゴー『ノートル＝ダム・ド・パリ』下巻、第七編第三章「鐘」］

7　Georges Duby, *The Age of the Cathedrals: Art and Society 980-1420*, tr. Eleanor Levieux and Barbara Thompson（London: Croom Helm, 1981）, p. 95.

8　Ibid., p. 101.

9　André Chamson, Foreword, in *Notre-Dame de Paris 1163-1963: exposition du huitième centenaire organisée par la direction des Archives de France à la Sainte Chapelle, juin-octobre 1963*（Paris: Direction des Archives de France, 1963）

10　ヴェロニカ・ワンド＝ダニエルソン、2019年7月23日、パリのスウェーデン大使館にて、著者とのインタヴュー。

11　約10万ユーロ。

11　2019年——ノートルダムの再建をめぐる争い

1　マクロン大統領、2019年4月16日、ノートルダムに関する二度目の国民向け演説。

2　シビル・ムーラン、2019年7月15日、著者との電話インタヴュー。

3　オリヴィエ・ラトリー、2019年1月にロレンツォ・チアヴァリーニ・アッツィとのインタヴューに応えて。以下で視聴可能。https://www.francetvinfo.fr/culture/musique/classique/quot-bach-to-the-futurequot-1-039-organiste-olivier-latry-offre-bach-a-notre-dame-de-paris_3293749.html.（2021年2月25日閲覧）

4　オリヴィエ・ラトリー、「ニューヨーク・タイムズ」紙のアレックス・マーシャルの質問に応えて。以下を参照。'Notre-Dame musicians rejoice that the cathedral's organ was spared', *New York Times*, 24 April 2019.

5　ジャン＝ジャック・アヤゴン、2019年7月22日、著者とのEメールによるインタヴュー。アヤゴン氏はフランソワ・ピノーの広報官。2002年から04年まで文化大臣を務めた。

6　フランスでは慈善目的の寄付に対して通常60パーセント以上の免税措置がとられる。2019年夏に成立した「ノートルダム緊急法」は、この割合を個人による1000ユーロ以下の寄付については75パーセントに引き上げた。

7　ヴィクトル・ユゴー記念館のウェブサイト内、'Porch of Notre-Dame de Paris'（「ノ

ートルダム・ド・パリ」の玄関ホール）を参照。http://www.maisonsvictorhugo.paris.fr/en/work/porch-notre-dame-de-paris.（2021年2月25日閲覧）

8 *Le peuple est petit, mais il sera grand.*
Dans tes bras sacrés, ô mère féconde,
O liberté sainte au pas conquérant,
Tu portes l'enfant qui porte le monde.

9 ジャン＝ジャック・アヤゴン、2019年7月22日、著者とのEメールによるインタヴュー。

10 フランスの公共放送 France Info が2019年6月24日に報じた内容。以下を参照。https://www.francetvinfo.fr/culture/patrimoine/incendie-de-notre-dame-de-paris/seulement-9-des-promesses-de-dons-pour-notre-dame-de-paris-ont-ete-versees_3488763.html.（2021年2月25日閲覧）

11 ド・シヌティ司教総代理、2019年7月11日、著者とのインタヴュー。

12 ヴァンサン・レミーとのインタヴューでの発言。'Notre puissance technique nous rend très vulnérables', *Télérama*, 24 April 2019.

13 同上。

14 Joris-Karl Huysmans, *La Cathédrale*（Paris: Tresse & Stock, 1898）.
À peine jolie, mais si bizarre avec son sourire joyeux éclos sur de mélancoliques lèvres! Aperçue d'un certain côte, elle sourit à Jésus, Presque railleuse. [. . .] Regardée d'un autre point, sous un autre angle, ce sourire, si prêt a s'épanouir s'efface. La bouche se contracte en une apparence de moue et prédit des pleurs. Peut-être qu'en parvenant à empreindre en même temps sur la face de Notre-Dame ces deux sentiments opposés, la quiétude et la crainte, le sculpteur a voulu lui faire traduire à la fois l'allégresse de la Nativité et la douleur prévue du Calvaire. ［J＝K・ユイスマンス『大伽藍　神秘と崇厳の聖堂讃歌』出口裕弘訳、平凡社ライブラリー、1995年］

15 以下の詳細はすべて、フィリップ・ヴィルヌーヴが2019年7月24日にノートルダムの修復工事現場で著者とのインタヴューに応えて語ったもの。

16 同上。

17 クリスティーヌ・デュクロとのインタヴューでの発言。'Didier Durand, l'artisan devenu sauveur de Notre-Dame', *Le Figaro*, 24 July 2019.

18 Claire Bommelaer, 'Les Français opposés à une loi d'exception', *Le Figaro*, 9 May 2019.

19 ジャック・ムーラン、2019年7月12日、ムーランの事務所にて、著者とのインタヴュー。

20 同上。

21 ジル・ドルーアン神父、2019年8月2日、パリ外国宣教会にて、著者とのインタヴュー。

22 彼の地での経験に学び、レシンスキ神父は国際慈善団体ATD（All Together in Dignity）Fourth Worldを創設した。

23 フィリップ・ヴィルヌーヴ、2019年7月24日、ノートルダムの修復工事現場にて、著者とのインタヴュー。

24 2019年1月、ロレンツォ・チアヴァリーニ・アッツィに語ったことば。

あとがき

1 Chapuy and F.T. de Jolimont, *Vues pittoresques de la cathédrale de Paris et détails remarquables de ce monument* (Paris: Leblanc, 1823), p. 3.